Holger Speier

**Schule machen
mit Aristoteles**

Holger Speier

Schule machen mit Aristoteles

Eine Propädeutik zur Unterrichtsvorbereitung

Tectum Verlag

Holger Speier

Schule machen mit Aristoteles.
Eine Propädeutik zur Unterrichtsvorbereitung

© Tectum Verlag Marburg, 2015
ISBN: 978-3-8288-3594-8

Umschlagabbildung: Greek Orator, Fotolia.de © Erica Guilane-Nachez
Druck und Bindung: CPI buchbücher.de, Birkach
Printed in Germany
Alle Rechte vorbehalten

Besuchen Sie uns im Internet
www.tectum-verlag.de

Bibliografische Informationen der Deutschen Nationalbibliothek
Die Deutsche Nationalbibliothek verzeichnet diese Publikation in der
Deutschen Nationalbibliografie; detaillierte bibliografische Angaben sind
im Internet über http://dnb.ddb.de abrufbar.

Meinem Sohn Marius gewidmet!

Wissen aber und Verstehen (Erkennen) um ihrer selbst willen kommen am meisten der Wissenschaft des im höchsten Sinne Verstehbaren (Erkennbaren) zu. Denn wer das Erkennen um seiner selbst willen wählt, der wird die höchste Wissenschaft am meisten wählen, dies ist aber die Wissenschaft des im höchsten Sinne Erkennbaren, im höchsten Sinne erkennbar aber sind das Erste (Prinzipien) und die Ursachen; denn durch diese und aus diesen wird das übrige erkannt, nicht aber sie aus dem Untergeordneten. Am gebietendsten unter den Wissenschaften, gebietender als die dienende, ist die, welche den Zweck erkennt, weshalb jedes zu tun ist; dieser ist aber das Gute für jedes Einzelne und im ganzen das Beste in der gesamten Natur.

Aristoteles, Metaphysik, Buch I, Kap. 2, 982a/982b

Inhaltsverzeichnis

Geleitwort 11

1 **Anstelle eines Vorwortes:**
   Der didaktische Ausgangspunkt des Aristoteles und
   weshalb er heutigen Pädagogen dienlich sein kann 13

2 **Der Samstagvormittag:**
   Zeit für Fragen didaktischer Propädeutik 25

3 **Der Montagnachmittag:**
   Alle Dinge sind in der Logik begründet 47

4 **Der Dienstagnachmittag:**
   Die Natur ist unser erster Lernort. Um die Natur entdecken
   zu können, müssen wir unsere Fenster und Türen öffnen. 77

5 **Der Mittwochnachmittag:**
   Die vier Gründe des Seienden oder der Versuch einer
   pädagogischen Standortbestimmung zwischen Physik-,
   Chemie- und Religionsunterricht 95

6 **Der Donnerstagnachmittag:**
   Unterricht über den Menschen und die erzieherischen
   Anstrengungen, diesen zu einer tugendhaften Lebensführung
   zu bewegen 109

7 **Der Freitagnachmittag:**
   Zeit, über den Sinn jeglicher Erziehung für ein Leben
   in Mikro- und Makrokosmos zu resümieren 133

8 **Abschließende Thesen zu dem erzieherischen Auftrag
   staatlicher Schulen in Referenz zu Aristoteles** 147

Ausblick 167

Quellenverzeichnis und weiterführende Literatur 169

Geleitwort

„Wir sind Zwerge auf den Schultern von Riesen." Mit diesem Bild hat schon Bernhard von Chartres im 12. Jahrhundert die rezipierende Zuwendung zur Vergangenheit begründet. Nach Jahrzehnten der reflektierten Geschichtszuwendung in der hermeneutischen (Gadamer) und der begriffsgeschichtlichen (Ritter) Schule droht uns heute das Vergessen oder gar Verdrängen unserer Herkunft, wir werden zu Fröschen, die nur ihren Teichrand kennen und diesen für die ganze Welt halten.

Aristoteles gehört zu den Riesen, auf denen wir stehen, wir brauchen ihn, um uns selbst zu verstehen. Speiers neue Untersuchung will zu ihm hinführen als Hilfe in unserer heutigen geschichtsentfremdeten geistigen Welt. Der Weg Speiers dazu ist bisher weniger begangen: Weniger die Inhalte seiner Philosophie, sondern seine Wirkung und Bedeutung als praktizierender Lehrer, seine Methode, die man an vielen seiner Werke noch ablesen kann, und die Anregungen und Theorien, die im Laufe der Jahrhunderte von ihm ausgegangen und in verschiedenen Bereichen der Pädagogik wirksam geworden sind. Speier versteht seine Darstellung als Pro-Pädeutik, als Vorstufe für eine direkte Unterrichtsvorbereitung. Die Anlage des Stoffes auf den Zeitraum einer Schulwoche bietet Vorbild und Hilfe dazu. Ich wünsche dem Buch und seinem Anliegen eine wirkungsvolle Verbreitung, erwarte sie auch.

Prof. Dr. Helmut Meinhardt,
Institut für Philosophie der Justus-Liebig-Universität Gießen

1 Anstelle eines Vorwortes: Der didaktische Ausgangspunkt des Aristoteles und weshalb er heutigen Pädagogen dienlich sein kann

Aristoteles war ein großer Philosoph und ein fantastischer Lehrer. Über sein Leben gibt es einige Informationen, die als gesichert gelten können. Er lebte von 384 bis 322 v. Chr. und gilt als der prominenteste Schüler Platons, in dessen Athener Akademie er 20 Jahre lang lernte, forschte und auch selbst als Lehrer tätig war. Nachdem Platon im Jahr 347 gestorben war, verließ Aristoteles die Platonische Akademie und wurde nach einem Aufenthalt in Kleinasien im Jahr 342 von dem makedonischen König Philipp mit der Erziehung von dessen dreizehnjährigem Sohn Alexander, der als Alexander der Große in die Geschichte einging, betraut. Leider ist über seine sechs Jahre dauernde Tätigkeit als Erzieher nur wenig bekannt. Mehr Kenntnisse hat man dagegen über seine eigene Schule, die er 335 im Nordosten von Athen gründete und die den Namen „Peripatos" trug. In diese Schule, die zwölf Jahre lang unter seiner Leitung stand und in der er Forschungsarbeit leistete und Vorlesungen hielt, steckte Aristoteles seine ganze Arbeitskraft. Neben der Errichtung einer Privatbibliothek veranlasste er die Zusammenstellung einer umfangreichen naturkundlichen Sammlung, die zahlreiche Pflanzen und Tiere enthielt. Außerdem ließ er stolze 158 Staatsverfassungen sammeln, die er miteinander verglich. Nach dem Tod Alexanders im Jahr 323 fand seine Lehrtätigkeit ein jähes Ende. Die Athener, die gegenüber dem Mazedonier Alexander einen abgrundtiefen Hass empfanden, klagten Aristoteles der Asebie an. Um sich einer möglichen Verurteilung zu entziehen, trat er die Flucht an, starb jedoch im darauffolgenden Jahr.

Sein philosophisches Werk lässt sich in drei Bereiche einteilen:

a) *Der Zusammenstellung praktische Philosophie*, in der Grundfragen der Ethik und des politischen Handelns thematisiert werden,
b) *poietische* (ποιέω = machen) *Philosophie*, die sich mit dem Herstellungsprozess, -zweck und -ergebnis von Gegenständen beschäftigt,
c) *theoretische Philosophie*, die Notwendigkeiten zum Thema hat, wobei ihre Gegenstände entweder real und wandelbar (die Naturphilosophie) oder irreal und unwandelbar (die Mathematik) oder aber real und unwandelbar sind (die Theologie).

Vergleicht man die drei philosophischen Bereiche hinsichtlich ihrer Allgemeingültigkeit miteinander, so weist der erst Genannte den geringsten Grad an Allgemeinheit auf, der zuletzt Genannte, zu dem auch die Theologie gehört, den höchsten Grad. Die Theologie hat deswegen einen so hohen Grad an Allgemeinheit, weil sie sich ausschließlich mit dem göttlichen νοῦς (Geist, Verstand) beschäftigt. Dadurch nimmt sie innerhalb des Systems der Wissenschaften eine besondere Funktion ein, nämlich die einer Grundlagenwissenschaft, auf die andere Wissenschaften bei der Formulierung ihrer eigenen wissenschaftlichen Legitimation zurückgreifen können.

Obwohl Aristoteles besonders im Bereich der theoretischen Philosophie sehr anspruchsvolle Gedankengänge entwickelte, richtete er sich in seinen Schriften nicht nur an eine fachwissenschaftlich gebildete Leserschaft, sondern auch an ein breites Publikum. Sein Motiv hierfür war die Überzeugung, dass man das Einzelne – worin er ein einzelnes Lebewesen, eine Sache, aber auch eine singuläre Erkenntnis fasste – nicht nur für sich genommen betrachten müsse, sondern immer auch als Teil eines großen Ganzen. Dies wiederum setze voraus, dass man das Ganze in seiner Ganzheit verstehen könne, wofür jedoch eine umfassende Bildung erforderlich sei, die er möglichst vielen seiner Zeitgenossen zukommen lassen wolle.

Hiervon können heute Schüler nur träumen. Der Grund für die fehlende Vermittlung einer umfassenden Bildung besteht nicht allein darin, dass die Welt von heute weitaus komplexer geworden ist als die der Antike. Auch ist der voluminöse Zuwachs von naturwissenschaftlichen Erkenntnissen und technischer Errungenschaften hierfür nicht in erster Linie ursächlich. Vielmehr hat sich etwas ereignet, was Heidegger mit „Seinsvergessenheit" bezeichnet und was sich als ein Zustand darstellt, in welchem dem Einzelnen, aber auch einer Vielzahl von Menschen die Sinnhaftigkeit ihres Tuns völlig abhanden gekommen ist. So scheint es, dass das „Zeitalter des Nihilismus" (Weischedel) nun auch im Klassenzimmer angekommen ist:

Während früheren Schülergenerationen in etwa deutlich war, dass das Durchlaufen einer schulischen Laufbahn dem Zweck dient, sich mit dem nötigen Rüstzeug für das Leben auszustatten, empfinden das heutige nicht mehr unbedingt so. Den wenigsten Schülern erschließt sich die Sinnhaftigkeit der einzelnen Lerneinheiten, die ihnen in der Schule vermittelt werden. Die strebsamsten und leistungsorientiertesten unter ihnen ertragen den dargebotenen Lernstoff ohne weitere Rückfragen an die Unterrichtenden, indem sie sich ihn mehr oder weniger unkritisch aneignen und dann später im Rahmen von Leistungskontrollen in der Lage sind, ihn zu reproduzieren. Für Aufsehen sorgte die Twitter-Botschaft der siebzehnjährigen Schülerin Naina aus Köln, die im Januar 2015 postete: „Ich bin fast 18 und hab keine Ahnung von Steuern, Miete oder Versicherungen. Aber ich kann 'ne Gedichtanalyse schreiben. In 4 Sprachen."[1] Die Aussage der Siebzehnjährigen zeigt, dass sie sich offensichtlich in der Schule nicht dagegen gesperrt hat, sich mit Gedichten intensiv auseinanderzusetzen und diese auch zu analysieren. Denn dies kann sie nach eigenen Angaben sogar in vier Sprachen. Doch die Sinnhaftigkeit einer solchen Tätigkeit ist ihr ganz offensichtlich verschlossen geblieben, da sie kaum deren praktischen Nutzen für ihr Leben außerhalb der Schule zu erkennen vermag. Damit ist Naina leider nicht allein. Vielen Schülern geht es so. Dem

---

1   Naina: https://twitter.com/nainablabla/status/553881334813560832, [Stand: 10.01.2015].

stimmt auch der Harvard-Dozent Yascha Mounk zu, der nach eigenen Angaben als Schüler im Lateinunterricht ganz ähnliche Erfahrungen wie Naina gemacht hat: „[…] Von meinem gutbürgerlichen Gymnasium in München jedenfalls habe ich Latein als reines Paukfach in Erinnerung. Wie ein Zirkuslöwe durch einen Reifen springt, um ein Leckerli zu ergattern, lernten wir Vokabeln, um am Ende des Schuljahres in die nächste Klasse versetzt zu werden. Dem Zirkuslöwen ähnlich, dachten wir über den Sinn der Übung nicht nach. Wenn Latein irgendeinen Zweck hatte, dann war es kein pädagogischer, sondern ein soziologischer. Er diente der Auslese von Schülern, die folgsam sind und keine lästigen Fragen stellen."[2]

An diesem Zustand einer nicht erkennbaren Erkenntnis der Sinnhaftigkeit und einer kaum wahrnehmbaren Praxistauglichkeit des schulischen Lernstoffs hat auch der seit einigen Jahren angewandte Ansatz des kompetenzorientierten Unterrichts und Lernens wenig geändert.[3] Dieser hatte sich einst auf die Fahnen geschrieben, dass es in der Schule vorrangig nicht um die Vermittlung einzelner, auf Spezialisierung ausgerichteter Kenntnisse und Fähigkeiten zu gehen habe, sondern um Erwerb von Kernkompetenzen. Diese sollten dazu verhelfen, den Anforderungen der modernen, sich stetig verändernden Berufswelt zu entsprechen. Bedauerlicherweise leidet dieser an sich gut gemeinte, weil eigentlich auf Orientierung angelegte, Ansatz jedoch darunter, dass er tatsächlich keine wirkliche Orientierung in unserer Lebens- und Arbeitswelt bietet, sondern den bestehenden Zustand als gegeben hinnimmt und lediglich ein paar wenige praktische Hilfen im Umgang mit dem Dickicht der verwirrenden Vielfalt verschafft.

In deutlichem Gegensatz zu diesem pädagogischen Ansatz steht derjenige des Aristoteles, dessen Werk zu Recht als „eine geistige

---

2   Y. Mounk: Art. „Allgemeinbildung ist überschätzt", in: Die Zeit, 20. Januar 2015, Nr. 5, S. 63.
3   Vgl. hierzu M. Paechter (Hg.): Handbuch Kompetenzorientierter Unterricht, 2012.

Welteroberung"⁴ angesehen wird, da Aristoteles nicht nur eine Verknüpfung der einzelnen Wissensbereiche gelingt: Sein Verdienst besteht vor allem darin, den Einzeldisziplinen eine Sinnhaftigkeit zu verleihen, die weit über sie selbst und ihre Geltungsbereiche hinausweisen auf ein übergeordnetes Gemeinsames, das die Vielzahl von Einzeluntersuchungen und Einzelerkenntnissen sinnstiftend miteinander verklammert und auf einen gemeinsamen Nenner bringt. In unserer heutigen Situation, in der die Beförderung von Einzelerkenntnissen und -entdeckungen stark zunimmt, während sinnstiftende Elemente immer weiter aus dem Blickfeld verschwinden, liefert Aristoteles wichtige und wertvolle Impulse zum Umgang mit der uns schier erschlagenden Vielheit und Komplexität unserer Welt.

Das vorliegende Buch stellt – bei aller Begeisterung des Autors für die Philosophie des Aristoteles – keine Neuinterpretation seiner Philosophie dar. Auch soll hier kein völlig neuer pädagogischer Entwurf aus der Taufe gehoben werden. Um diesem Missständnis entgegenzuwirken, steht im Untertitel lediglich „Propädeutik", also „Vorbereitung auf die eigentliche Unterrichtsvorbereitung" (πρo „vor", παιδεύω „erziehen", unterrichten", „belehren"). Die hinter dieser Schrift stehende Absicht besteht vielmehr darin, eine in ‚therapeutischer' Hinsicht wohltuende Verbindung herzustellen zwischen der Sichtweise des vor über 2300 Jahren wirkenden Philosophen und den hohen Herausforderungen, die sich heutigen Pädagogen stellen. Auf pädagogische Besserwisserei und eine damit einhergehende Häme habe ich bewusst verzichtet. Sollte sie dennoch bemerkt werden, bitte ich um Nachsicht, da sie keinesfalls beabsichtigt war.

Die Anlage dieser Propädeutik auf den Zeitraum einer Schulwoche, der Vorüberlegungen vorgehen und sich eine Zeit zum Resümieren anschließt, wurde bewusst gewählt, um der hier erhobenen Forderung nach Ordnung und systematischer Welterschließung auch in der eigenen Konzeption zu entsprechen. Zugleich kommt eine grundlegende

---

4 H. J. Störig: Kleine Weltgeschichte der Philosophie, 1999, S. 196.

pädagogische Überzeugung des Verfassers zum Vorschein: Wer anderen Menschen Ordnungen aufzeigen will, damit sie durch diese theoretisch, aber auch im Blick auf ihre praktische Lebensführung gebildet werden, wird als Pädagoge unglaubwürdig, wenn er nicht selbst in jenen Ordnungen lebt und sie dadurch als hilfreich und richtig anerkennt. Die hier verwendete Vorstellung von ‚Ordnung' wird deswegen wesentlich weiter gefasst als dies im umgangssprachlichen Gebrauch des Wortes geschieht: ‚Ordnung' ist mehr als das Einhalten von Regeln oder die Beachtung von Äußerlichkeiten. Sie ist *erstens* die in einen Begriff gefasste Erkenntnis, dass unsere Welt und die Abläufe in ihr nicht chaotisch sind, sondern gewissen Regeln folgen, und *zweitens* die daraus resultierende Einsicht, dass es sich gut leben lässt, wenn man sich von den Ordnungen der erfahrbaren Wirklichkeit dazu anregen lässt, Wirkungen für die Gestaltung des eigenen Lebens zu entfalten.

Pädagogen, die ihren Schülern die Plausibilität einer Systematik verdeutlichen wollen – und darum geht es in jedem Unterrichtsfach, sei es bei der Arbeit mit dem Periodensystem im Chemieunterricht, dem Unterricht über den Aufbau von Staaten im Politikunterricht oder bei der Vermittlung von Interpretationstechniken im Deutschunterricht –, müssen auch über die lebenspraktische Relevanz jener Ordnung Auskunft geben können. Gelingt ihnen dies nicht, so wird jenes theoretische Wissen fragwürdig und es ergibt sich genau die Misere, in der sich heute ein Großteil der Schülerschaft befindet: nämlich die Situation einer Orientierungslosigkeit aufgrund einer Vielzahl von Einzelerkenntnissen, die dem Gros der Schüler in lebenspraktischer Hinsicht völlig bedeutungslos erscheinen.

Dem hier beschriebenen Ordnungsgedanken wird in dieser Propädeutik nicht nur durch eine sachlich-systematische Darlegung der aristotelischen Philosophie und durch eine dem entsprechende Erörterung der Frage nach ihrem Nutzen für die moderne Pädagogik Rechnung getragen, sondern auch durch die Ausrichtung an einer zeitlichen Struktur, in der dies alles geschehen soll. Dass das Dasein immer eine zeitliche Ausrichtung hat, ja dass sie Zeit ist, ist nicht nur der entscheidende gedankliche Ausgangspunkt der Philosophie Heideggers, sondern dies ist zugleich für jegliche pädagogische Arbeit von eminenter Wichtigkeit. Schüler brauchen eine feste zeitliche Struktur. Es ist wichtig, mit ihnen einzuüben, wie sie ihre Zeit am besten einteilen, weil sie nur so erfolgreich sein können. Der Pädagoge und Philosoph Bernhard Bueb bringt dies in seinem Buch *Lob der Disziplin* auf den Punkt, indem er bemerkt: „Ordnung ist die Voraussetzung von Glück."[5] und „Unordnung bringt frühes Leid."[6] Bueb vertritt hier die Auffassung, dass „Ordnung […] das Fundament menschlichen Lebens und daher auch jedes gedeihlichen Aufwachsens"[7] darstellt und dass ein Zusammenhang zwischen äußerer Ordnung und innerer Ausgeglichenheit besteht: „Äußere Ordnung führt zu innerer Ordnung, oder noch pointierter, innere Ordnung kann sich nicht ohne äußere Ordnung entwickeln."[8]

Vor dem Hintergrund, dass Lehrer gegenüber ihren Schülern eine Vorbildfunktion einnehmen müssen, damit diese sich auf Lernprozesse einlassen, trifft die Notwendigkeit eines konsequentes und erfolgreiches Zeitmanagement sowie eine positive Einstellung gegenüber der Tugend der Ordnung umso mehr auf die Lehrerschaft zu. Es dürfte den Schülern schwer verständlich zu machen sein, dass ihre Lehrer einen ungeordneten Lebens- und Arbeitsstil pflegen – Prüfungs- und korrekturintensive Schulzeiten mögen hier eine Ausnahme darstellen, die jedermann akzeptieren wird! –, während sie von ihren Schülern erwarten, dass sie ihr Unterrichtsmaterial ordentlich führen und vorbereitet zum Unterricht erscheinen. Die Eltern, die nach dem Erleben ihrer eigenen Schulzeit durch ihre Kinder von neuem einen Blick auf unsere Schulen werfen, sind nicht selten schockiert von dem, was ihre Kinder über die Schule zu berichten haben:

---

5   B. Bueb: Lob der Disziplin. Eine Streitschrift, 2009, S. 106.
6   A. a. O., S. 92.
7   A. a. O., S. 93.
8   A. a. O., S. 94.

Lehrer,
- die unorganisiert erscheinen, zudem regelmäßig unpünktlich den Unterricht beginnen und unvorbereitet zum Unterricht erscheinen,
- die während des Unterrichts einfach verschwinden oder Kollegen in Nachbarklassen zum gemütlichen Plausch treffen und ihre Schüler sich selbst überlassen,
- die mit ihrer an die Schüler erteilten Erlaubnis, während des Unterrichts mit dem Handy zu spielen, Musik zu hören, zu essen u. a., bewusst die Regeln ihrer Schule außer Kraft setzen,
- die Schuleigentum vor ihren Schülern mutwillig zerstören und ihr Tun für richtig halten („Ist doch ohnehin alles kaputt hier!"),
- die vor den Schülern gegen Anordnungen der Schulleitung wettern,
- die ihre Verpflichtung zur Pausenaufsicht oder zum Vertretungsunterricht nicht wahrnehmen,
- die während des Unterrichts in eigener Sache bei Facebook, WhatsApp u. a. aktiv sind,
- die Unterrichtszeit mit unsinnigen Diskussionen und Organisationstätigkeiten vergeuden oder gar keinen Unterricht machen u. v. m.

All dies kommt bei Lehrern vor. Zum Glück handelt es sich hierbei nur um Einzelfälle. Doch gerade diese Pädagogen verhindern durch ihr Verhalten nicht nur das Lernen ihrer Schüler. Sie erzeugen und kultivieren bei ihnen vor allem eine negative innere Haltung, die sich so beschreiben lässt: „Streng dich nicht an, irgendwie geht der Schultag schon zu Ende. Und so kommt man auch irgendwie durchs Leben." Nicht nur die Schüler verlieren auf diese Weise zunehmend den Respekt vor ihren Lehrern und der Einrichtung ‚Schule'. Auch das Vertrauensverhältnis der Eltern zu der Schule ihres Kindes wird auf diese Weise erheblich gestört.

Unordentliche Lehrer der oben beschriebenen Art gehören nicht an Schulen – nicht nur, weil sie aufgrund ihrer fehlenden Vorbildfunktion ihrem pädagogischen Auftrag gegenüber ihren Schülern nicht nachkommen, sondern vor allem auch deswegen nicht, weil sie dem

Inhalt ihres Lehrstoffs, der ja die Wirklichkeit kategorisiert, erklärt und ihre Ordnungen aufzeigt, mit ihrem eigenen Handeln entgegenstehen. So dürfte es von Schülern als inakzeptabel empfunden werden, wenn sie erkennen, dass ihre Lehrer zu den Inhalten ihrer Lehre im Widerspruch stehen: ein Biologielehrer, der einen ungesunden Lebensstil pflegt; ein Wirtschaftslehrer, der seine eigenen Finanzen nicht unter Kontrolle hat; ein Religionslehrer, der mit aller Welt im Streit liegt. Es ließen sich zahllose andere Beispiele hierzu finden.

Die Problematik, die sich durch das widersprüchliche Verhalten jener Lehrer auftut, besteht darin, dass Schüler die Wichtigkeit oder gar den Wahrheitsgehalt des ihnen vermittelten Lernstoffs anzweifeln, sobald sie ein solches Lehrerverhalten beobachten. Es ist also möglich, dass Lehrer den Lernerfolg ihrer Schüler verhindern oder erschweren, oder auch fördern. Bei allen Veränderungen, die das Verhältnis von Lehrern und Schülern im Laufe der Jahrhunderte erfahren hat, muss deswegen unbedingt bedacht werden, dass das Amt eines Lehrers auch in heutiger Zeit ein öffentliches ist, bei der die private Lebensführung auf keinen Fall in Beliebigkeit gestellt ist.

Dies führt zu der Frage, ob es nicht für Lehrer ein verbindliches Berufsethos geben sollte, wie es das für Ärzte, Juristen, Pfarrer und andere Berufsgruppen gibt.[9] So wie sich Ärzte dem hippokratischen Eid verpflichten (– was in Deutschland leider nur den Charakter eines passiven Gelöbnisses hat!) und sich damit öffentlich einer ethischen Selbstverpflichtung unterziehen, wäre durchaus zu erwägen, ob es Entsprechendes nicht auch für Lehrer geben sollte – vielleicht einen aristotelischen Eid? Dieser Gedanke ist nicht neu.[10] Das Hauptargu-

---

9 Vgl. hierzu: C. Lichtenthaeler: Der Eid des Hippokrates. Ursprung und Bedeutung, 1984; E.-W. Böckenförde: Vom Ethos der Juristen, 2011; I. Karle: Der Pfarrberuf als Profession. Eine Berufstheorie im Kontext der modernen Gesellschaft, 2001.

10 Vgl. Art. „Lehrer brauchen Professionalität und ein Berufsethos. Neue Empfehlungen der Bildungskommission der Heinrich-Böll-Stiftung/Plädoyer für eine grundlegende Reform des Lehrberufs", in: Frankfurter Rundschau vom

ment für ein Berufsethos besteht darin, dass sich auf seiner Grundlage nicht nur normierende Grundlagen für die Ausbildung von Lehrern erarbeiten ließen, sondern auch solche, die das Verhältnis von Lehrern und Schülern im täglichen Schulalltag sowie den Berufsstand des Lehrers bis hin zu seinem Selbstverständnis betreffen. Gerade in einer Zeit, in der sich sowohl das gesellschaftliche Wertesystem als auch die Anforderungen der modernen Arbeitswelt stark verändern, ist der Anspruch an die Qualität der Schulen gewachsen, was die zum Teil sehr heftig geführten Diskussionen über die pädagogische Ausrichtung der öffentlichen Schulen belegen. Eine verbindliche Selbstverpflichtung für Lehrer wäre erstens deswegen zu begrüßen, weil damit qualitative Maßstäbe geschaffen würden, nach denen sich Lehrer zu richten haben; zweitens wäre eine solche Selbstverpflichtung auch für die Lehrerschaft selbst ein Schutz vor überhöhten Erwartungen an sie. Denn so wichtig die Schule auch für die Entwicklung von Kindern ist, so stellt sie doch nur einen Einflussfaktor neben zahlreichen anderen dar (Elternhaus, Medien, Peergroups u. a.). Wie auch immer dieses Berufsethos hieße und wie es inhaltlich bestimmt wäre, in jedem Fall sollte die bereits dargelegte Vorstellung von Ordnung in dieses einbezogen werden, da sie für die Arbeit des Lehrers mit seinen Schülern überaus zentral ist.

Häufiger wurde Aristoteles von seinen Schülern dabei beobachtet, wie er schlief. Möglicherweise machten sich die Schüler daraus einen Spaß, ihn in dieser Pose zu beobachten, vielleicht waren sie auch von seiner Person so eingenommen, dass sie ihn in allen Lebenslagen erleben wollten. Näheres weiß man dazu nicht. Die Tatsache jedoch, dass sich der Philosoph gerne ein Nickerchen gönnte, deutet darauf hin, dass er auch der Entspannung eine große Bedeutung zuschrieb. Dies wurde in der Konzeption dieses Buches berücksichtigt und so wurde der ‚Sonntag' aus der ‚Woche' mit Aristoteles bewusst ausgeklammert. Anlass für die Auslassung des ‚Sonntags' war außerdem die bei zahl-

---

29.11.2002, unter: http://www.absn.de/boell-stiftung-lehrerprofessionalitaet.pdf, [Stand: 27.02.2015].

reichen Lehrern zu beobachtende Unart, den Sonntag regelmäßig und vollständig für Korrektur- und Unterrichtsvorbereitungen heranzuziehen. Sonntagsarbeit entspricht zwar genau dem gesellschaftlichen Trend, doch dadurch wird sie nicht richtiger und sollte deswegen eher die Ausnahme als die Regel darstellen. Vergleicht man nämlich unsere heutige Arbeitszeit mit all den zeitsparenden Annehmlichkeiten (Computer, Drucker, Internet, größere Mobilität u. a.), die uns heute zur Verfügung stehen, mit der vor 50 Jahren, so ist die Sonntagsarbeit keinesfalls nötig, jedenfalls nicht regelmäßig (arbeitsreiche Korrekturzeiten können hier zu akzeptierende Ausnahmen darstellen!). Es scheint uns heute schwerer zu fallen als vorhergehenden Generationen, uns in Ordnungen, auch in zeitliche, einzufügen. Dafür gibt es mehrere Gründe. Einer davon ist, dass wir unsere Welt nicht mehr als so geordnet wahrnehmen wie frühere Generationen und dass wir eher die Möglichkeit haben, uns selbst zu entfalten, auch in zeitlicher Hinsicht. Aber stellen wir uns einmal vor, was geschähe, wenn Lehrer zur Sonntagsarbeit dienstlich verpflichtet würden. Ein Aufschrei ginge durch die Republik, und das zu Recht! Deswegen überlässt diese als Propädeutik zur Unterrichtsvorbereitung auf eine Woche angelegte Auseinandersetzung mit Aristoteles dem Leser den Sonntag als frei verfügbare Zeit für die Familie, für die Erholung, für den Kirchgang u. a. Die so verwendete Zeit wird sich dann hoffentlich als gewinnbringend erweisen im Hinblick auf effektiveres Arbeiten sowie motiviertem und ideenreicherem Herantreten an den schulischen Alltag mit seinen zahlreichen Herausforderungen. Der große Philosoph und Pädagoge Aristoteles kann hierzu einige wertvolle Impulse liefern.

Alle in dem vorliegenden Buch vorgetragenen Erzählungen aus dem Schulleben dienen der Illustration und sind rein fiktiv. Sie beziehen sich weder auf lebende noch auf bereits gestorbene Personen. Ähnlichkeiten zu realen Situationen oder Personen sind deswegen absolut zufällig und keinesfalls beabsichtigt.

Wo es sich anbot, die Denkweise des großen Griechen in Unterrichtsentwürfen, die zumeist aus Schulbüchern stammen, nachzuweisen, wurden jene Entwürfe kurz dargestellt. Dies geschah erstens aus der Absicht heraus zu zeigen, wie vertraut und selbstverständlich uns als den geistigen Nachfahren des Aristoteles seine Denkweise ist, und zweitens, um zu verdeutlichen, wie mühelos es ist, seine Philosophie in die pädagogische Praxis umzusetzen. Dass sich die angeführten Unterrichtsentwürfe jedoch bewusst an der aristotelischen Denkart orientiert hätten, soll hier keinesfalls behauptet werden, zumal sie zufällig ausgewählt worden sind.

Mein besonderer Dank gilt im Zusammenhang mit der hier vorgelegten Darstellung der Philosophie des Aristoteles Herrn Prof. Dr. Helmut Meinhardt, Gießen, der mir gerne Zeit zum geistreichen philosophischen Austausch schenkte, sowie Herrn OStR i. R. Wilfried Jung, Kassel, für seine sorgfältigen Korrekturarbeiten an dem Manuskript zu diesem Buch. Danken möchte ich nicht zuletzt auch Herrn Günther Riedel, Fronhausen/L., für die zahlreichen „Gartenzaungespräche" zu den Themenbereichen ‚Ordnung und Lebensgestaltung', ‚Gesellschaftlicher Wandel' und ‚verantwortungsvolle Erziehungsarbeit', ohne die dieses Buch in der vorliegenden Form nicht zustande gekommen wäre.

Marburg, im Sommer 2015   Dr. Holger Speier

2 Der Samstagvormittag: Zeit für Fragen didaktischer Propädeutik

Im Unterschied zu seinem Lehrer Platon, dessen Überlegungen sich beinahe ausschließlich auf die Ideenwelt konzentrierten, weil er dort, jenseits der Sinnenwelt, die eigentliche Wirklichkeit vermutete, bestand Aristoteles' Interesse wie bei kaum einem Philosophen vor ihm in der Beschäftigung mit der belebten Natur. Aristoteles gilt deswegen auch als „Europas erster großer Biologe"[11]. Seiner Auffassung nach muss eine rein gedankliche Beschäftigung mit der Wirklichkeit zwangsläufig in der Spekulation enden. Was Platon angeht, hat er damit absolut Recht. Denn Platons Hinwendung zur Ideenwelt endete damit, dass er sich als „Dichter und Mythenschöpfer"[12] hervortat, während die Beschäftigung mit der belebten Natur für ihn so gut wie keine Rolle spielte.

Aristoteles, der seinen noetischen Ausgangspunkt bei der vorgefundenen Wirklichkeit nimmt, kann auch im Blick auf pädagogisches Vorgehen hilfreich sein. In der Pädagogik hieße das nämlich, bei der Schülerschaft einzusetzen und nicht bei einer pädagogischen Idee, die möglicherweise nur schattenhaft die Lebens- und Lernwirklichkeit von Kindern und Jugendlichen abbildet. Diese Wirklichkeit zu beschreiben, gehört wesentlich zu den Aufgaben einer didaktischen Propädeutik.

---

11 J. Gaarder: Sophies Welt. Roman über die Geschichte der Philosophie, 1993, S. 128.
12 A. a. O., S. 129.

Die Lebens- und Lernwirklichkeit von Heranwachsenden ist hierzulande wie in kaum einem anderen Land mit der Lebensauffassung und dem Bildungsstand ihrer Eltern verwoben, wie die Vizerektorin der Uni Duisburg-Essen beispielhaft an ihrer Universität belegt.[13] Insofern sind Fragen didaktischer Propädeutik zu einem guten Teil immer auch solche an die gesellschaftliche Wirklichkeit in unserem Land, die das derzeitige allgemeine Bildungsniveau und die deskriptive Ethik betreffen, wie der folgende Gedankengang verdeutlichen soll:

Betrachtet man die moralische Entwicklung unserer Gesellschaft innerhalb der letzten 100 Jahre, so lassen sich in dieser Zeitspanne gewaltige moralische Umbrüche beobachten: In wilhelminischer Zeit herrschte im Blick auf die Frage, worin moralisch richtiges Verhalten bestehe, noch ein weitgehender gesellschaftlicher Konsens, der in der Allianz zwischen Thron und Altar seinen äußeren Ausdruck fand. Diese gesellschaftliche Einigkeit in moralischen Fragen machte es möglich, dass man auch die Schüler in der Schule dazu anhalten konnte, sich den damaligen moralischen Überzeugungen unkritisch zu unterwerfen. Während der Zeit des Nationalsozialismus änderte sich die inhaltliche Bestimmung von moralischem Verhalten: An die Stelle der allgemein-gesellschaftlichen Überzeugung von der Richtigkeit des moralischen Wertgefüges trat der Staat als absolute moralische Instanz. Er beanspruchte, die Moral zu inkarnieren, und forderte entsprechend dieser Überzeugung, dass man seiner Autorität in jeglicher Hinsicht – auch und besonders in moralischer – blind gehorchen müsse. Unmittelbar nach dem Zweiten Weltkrieg bis weit in die 50er Jahre hinein tat sich die deutsche Gesellschaft schwer damit, ihr moralisches Verhalten während der NS-Zeit zu erklären und verzichtete weitestgehend darauf. Dies rächte sich in den 60er Jahren mit den Studentenaufständen und führte schließlich zu einer Ablehnung jeglicher Autorität und jeglicher moralischer Vorgaben. Allerdings

---

13 Vgl. C. Heinrich: Art. „Die bunte Uni. Die Universität Duisburg-Essen fördert Bildungsaufsteiger und Migranten. Treibende Kraft dabei ist die Vizerektorin Ute Klammer. Ihre Projekte könnten bundesweit als Vorbild dienen", in: Die Zeit, 24. Oktober 2013, Nr. 44, S. 72.

blieben die aufbegehrenden Studenten Antworten auf die Frage nach dem richtigen moralischen Handeln schuldig und verloren sich stattdessen in der Negation und der radikalen Ablehnung der bestehenden gesellschaftlichen Verhältnisse und ihrer moralischen Grundsätze. In Folge des dadurch entstandenen moralischen Vakuums machte sich in den späten 80er und beginnenden 90er Jahren ein Konservativismus breit, dessen Bestreben darin bestand, neue verbindliche moralische Normen für den Einzelnen und die Gesellschaft zu finden. Die Hauptschwierigkeit dieser Bemühung bestand darin, dass man sich nach dem Ende der wilhelminischen Zeit immer häufiger von den traditionellen moralischen Werten, insbesondere solchen christlicher Prägung, verabschiedet hatte, die noch zu Beginn des 20. Jahrhunderts gültig gewesen waren, und nun vor der Herausforderung stand, neue moralische Werte formulieren zu müssen. Besonders intensiv zeigte sich das Ringen um moralische Werte in der ehemaligen DDR, wo die SED eine systematische Entkirchlichung betrieben hatte. Hier tat man sich nach dem Zusammenbruch der DDR besonders schwer damit, tragfähige Begründungen für moralisches Handeln zu finden, da hier – ähnlich wie während der NS-Herrschaft – der Staat in absolutistischer Weise Vorgaben für moralisches Handeln gemacht hatte.

Wir befinden uns heute, was die Forderung nach moralischen Handeln angeht, in einer außerordentlich schwierigen Situation: Auf der einen Seite begrüßen wir gutes Benehmen und tadeln, wenn wir es bei Kindern und Jugendlichen nicht vorfinden. Auf der anderen Seite wenden wir uns aber als Gesellschaft in zunehmendem Maße gerade von den traditionellen moralischen, religiösen und weltanschaulichen Vorstellungen ab, die die philosophischen Voraussetzungen für die von uns gewünschten Handlungsweisen sind. Ein Beispiel dafür:

Wir beklagen es, wenn wir heutzutage die Tugenden ‚Geduld' und ‚Freundlichkeit' viel seltener als in früheren Zeiten bei Jugendlichen finden, und meinen in dem Rückgang dieser beiden Charakteristika der Sittsamkeit deutliche Anzeichen sittlichen Verfalls zu erkennen. Mit diesem Rückschluss haben wir möglicherweise auch gar nicht

Unrecht. Allerdings sollten wir bei unserer Klage über den Verfall traditioneller Vorstellungen von Sitte und Moral nicht vergessen, dass jene beiden Tugenden im Kontext christlicher Kultur keine Verhaltensweisen waren, die aus einem reinen Selbstzweck heraus praktiziert wurden. Vielmehr waren sie lebenspraktische Ausdruckweisen christlichen Glaubens. Aus diesem Grund dürfen sie auch nicht isoliert von den religiösen Einstellungen und Überzeugungen, an die sie gebunden sind, betrachtet werden. Über ‚Geduld' und ‚Freundlichkeit' steht in der Bibel (Kolosserbrief, Kap. 3, Verse 12 u.13): „So zieht nun an als die Auserwählten Gottes, als die Heiligen und Geliebten, herzliches Erbarmen, **Freundlichkeit**, Demut, Sanftmut, **Geduld**; und ertrage einer den andern und vergebt euch untereinander, wenn jemand Klage hat gegen den andern; wie der Herr euch vergeben hat, so vergebt auch ihr!" Die philosophische Grundlage für die Ausübungen der beiden Tugenden ‚Geduld' und ‚Freundlichkeit' ist also eindeutig ein theologisches Diktum: „... wie der Herr euch vergeben hat, so vergebt auch ihr!" Das bedeutet: Die Ausübung der christlichen Tugenden ‚Freundlichkeit' und ‚Geduld' hat in dem Tun seinen Grund, das Christus für die Seinen getan hat. Diese Begründung christlicher Ethik in der christlichen Dogmatik war noch zu Beginn des 20. Jahrhunderts großen Teilen der Bevölkerung bekannt und wurde im Rahmen der damaligen religiösen Unterweisung weitergegeben.[14]

Um hier einem Missverständnis vorzubeugen, sei ausdrücklich darauf hingewiesen, dass die beiden exemplarisch angeführten Tugenden ‚Geduld' und ‚Freundlichkeit' keinesfalls nur an das Christentum gebunden sind. Allerdings hat das Christentum die allgemeine Ethik, die Rechtsprechung und die Kultur in unseren Breiten beeinflusst wie keine andere Religion oder Weltanschauung. Folglich hat auch der Rückgang des Christentums innerhalb der vergangenen 50 Jahre einen ganz erheblichen Einfluss auf das ethische Wertesystem in unserem

---

14 Vgl. für den Protestantismus: C. Frey: Die Ethik des Protestantismus von der Reformation bis zur Gegenwart, 1994; für den Katholizismus: K.-H. Kleber: Historia docet: Zur Geschichte der Moraltheologie, 2005.

Land hinterlassen. Dies ist das eine, das man sich bewusst machen muss, wenn man moralische Veränderungen in unserem Land moniert. Das andere ist, dass es ohne das Vorhandensein von überzeugenden und zugleich tragfähigen philosophischen Grundlagen unsinnig ist, tugendhaftes Verhalten einzufordern. Ein solches Fordern wäre dann wie ein verzweifeltes Rufen nach moralischem Verhalten, das aber kein wirkliches Gehör finden kann, weil den Adressaten die sachliche Überzeugung fehlt, die eine Gefolgschaft im Handeln rechtfertigen würde. Moralisches Handeln braucht sachliche Rechtfertigungen, im besten Falle sachliche Letztbegründungen, die nicht selten über Generationen hin gewachsen sind und sich in der Gesellschaft etabliert haben.

In der breiten Masse unserer säkularen Gesellschaft sucht man heutzutage solche Letztbegründungen meist vergeblich. Kirchliche Wertevorstellungen genießen in unseren Breiten eine immer geringere Akzeptanz. Dem entspricht, dass es um die Kenntnis zentraler christlicher Glaubensinhalte wie der Gotteslehre, der christlichen Anthropologie und Soteriologie in unserer Gesellschaft äußerst schlecht bestellt ist. War noch in der Gründungsphase der Bundesrepublik Deutschland der Glaube an einen Schöpfergott weit verbreitet, vor dem man sich im Hinblick auf die Gestaltung des Lebens rechtfertigen muss,[15] so dominieren neben atheistischen und agnostischen Vorstellungen immer mehr nicht-christliche Religionsinhalte. Fragt man etwa im christlichen Religionsunterricht an einer staatlichen Schule, was nach Überzeugung der Schüler nach dem Tod geschehen wird, so kann man sicher sein, dass mindestens ein Drittel der Befragten buddhistische oder hinduistische Reinkarnationsvorstellungen vortragen wird. Wenn 20% der Schüler wenigstens ungefähr im Sinne christlicher Dogmatik antworten, so kann sich ein christlicher Religionslehrer bereits glücklich schätzen. Der massive Rückgang traditioneller christlicher Glaubens- und Wertevorstellungen in der Gesellschaft wirkt sich unmittel-

---

15 Vgl. dazu die Präambel des Deutschen Grundgesetzes, in der sich das Deutsche Volk das Grundgesetz „Im Bewußtsein seiner Verantwortung vor Gott und den Menschen" gibt.

bar auf die allgemeine Moral aus, indem man sich eher pragmatischer Konzeptionen bedient wie z. B. eines oberflächlichen utilitaristischen Zweckdenkens. Angewandt auf das bereits erwähnte Beispiel der Tugend ‚Freundlichkeit', stellt sich dies dann so dar, dass man sich zwar dem Anschein nach freundlich verhält, weil dies gesellschaftlich gewünscht wird – man denke herbei z. B. an Callcenter und andere Dienstleister, die von ihren Mitarbeitern Freundlichkeit erwarten, weil sie damit die Hoffnung verbinden, geschäftlich weiterzukommen. Allerdings ist jedem Kunden bewusst, dass es sich bei dieser Art von ‚Freundlichkeit' keinesfalls um einen Akt moralischen Verhaltens handeln kann. Denn ein tugendhaftes Verhalten würde im Unterschied zu jenem rein situativen Zweckdenken nicht nur (wie auch immer geartete) Kenntnisse hinsichtlich der Funktionsweise unserer Welt voraussetzen, sondern außerdem auch die Gewissheit, dass jeder einzelne Erdenbürger ein wichtiger Teil der Welt ist und aufgrund dessen gehalten ist, sich tugendhaft zu verhalten.

Dies zu bedenken, ist unbedingt wichtig, nicht nur, wenn man die ethischen Wertevorstellungen der heutigen Schülergeneration verstehen will, sondern vor allem, wenn man das Anliegen verfolgt, sie bei der Aneignung von Bildung zu unterstützen. Denn Bildung und Moral sind untrennbar miteinander verbunden. Bildung setzt neben Bereitschaft zur Anstrengung, Verzicht, Geduld mit sich und seinen Lehrern auch den Willen zum Lernen und die Bereitwilligkeit voraus, sich dem Druck von Überprüfungen und Reglementierungen auszusetzen. Deswegen wird hier davon ausgegangen, dass das Vorhandensein von solchen Tugenden die unbedingte Voraussetzung dafür darstellt, dass der Erwerb von Bildung gelingen kann.

Besonders anschaulich bestätigt sich die Richtigkeit der These von der Wechselwirkung zwischen Bildung und Moral, wenn man das Lern- und Arbeitsverhalten von Schülern aus sogenannten prekären familiären Verhältnissen betrachtet, in denen die Befolgung von Sekundärtugenden wie die einer regelmäßigen Lebensführung, Fleiß, Pünktlichkeit, Ordnung, Zuverlässigkeit, Sauberkeit u. s. w. kaum eine Rolle spielt. Mir sind im Laufe meiner Tätigkeit als Lehrer nicht wenige Schüler begegnet,

- die mit erheblicher Verspätung zum Unterricht erschienen,
- die nicht bereit waren, sich zur Verbesserung ihrer schulischen Leistungen anzustrengen,
- die einen ungeordneten Tagesablauf mit langen Fernseh- oder Computerspielzeiten pflegten,
- die sich nur selten oder gar nicht an mit der Klasse getroffene Vereinbarungen hielten, welche das Arbeits- und Sozialverhalten der Lerngemeinschaft verbessern sollten
- – und die schließlich in der Schule scheiterten!

Ohne die Einhaltung grundlegender Sekundärtugenden lassen sich keine schulischen Erfolge erzielen. Dem wird jeder zustimmen, der sich eingehender mit Schülerbiografien befasst und sie hinsichtlich ihres Erfolgs oder Misserfolgs untersucht. Deswegen stellt sich die Frage, wie man Schüler erfolgreich dazu bringen kann, sich jene Sekundärtugenden anzueignen. Doch zuvor soll geklärt werden, was man unter dem Wort ‚Tugend' versteht, das im heutigen Sprachgebrauch weniger gebräuchlich ist als zu der Zeit des Aristoteles:[16] Das Wort ‚Tugend' leitet sich von ‚Tauglichkeit' her und beschreibt die Fähigkeit, moralisch vorbildhaft zu handeln, wobei nicht nur das Umfeld des tugendhaft Handelnden von dessen tugendhaften Handlungen profitiert, sondern auch er selbst. Deswegen kann man, wenn man von dem tugendhaften Verhalten einer Person spricht, auch sagen, diese Person tauge zu etwas – nämlich zu der Tugend, die man ihr zuspricht. Verdeutlichen wir uns das am Beispiel der Tugend der Pünktlichkeit: Menschen, die sich im Umkreis einer Person bewegen, die die Tugend der Pünktlichkeit praktiziert, können sich auf diesen tugendhaften Menschen verlassen. Sie können bestimmte Vorhaben planen und dabei auf ihn zählen, was seine Pünktlichkeit angeht. Sie profitieren von der Tugend

---

16 Vgl. hierzu bes.: A. Comte-Sponville: Ermutigung zum unzeitgemäßen Leben. Ein kleines Brevier der Tugenden und Werte, 2010.

jenes Tugendhaften. Er selbst hat aber auch einen Nutzen von der Ausübung seiner Tugend. Nicht nur, dass er wegen seiner Tugend einen guten Ruf genießt, sondern jener Mensch erreicht mit seiner Pünktlichkeit auch mehr, als wenn er unpünktlich wäre, denn Pünktlichkeit ist ein Indiz dafür, dass jemand die Fähigkeit hat, sein Handeln richtig zu planen. Eine gute Planung ist wiederum der Schlüssel zum Erfolg. Entsprechendes lässt sich im Blick auf die Untugend der Unpünktlichkeit sagen. Sie hat entsprechend negative Konsequenzen und führt den Unpünktlichen letztlich zum Scheitern.

Freilich hat sich der Tugendbegriff im Laufe der Jahrhunderte von der Antike bis zur Neuzeit stark verändert.[17] Es sei deswegen darauf hingewiesen, dass der hier gebrauchte Tugendbegriff sich an dem des Aristoteles orientiert und eine untrennbare Verbindung zwischen dem tugendhaften Verhalten eines Einzelnen und seinem persönlichen Glück behauptet. Zu zeigen, dass der aristotelische Tugendbegriff trotz seines hohen Alters nicht überholt ist, ist ein Teilziel dieser Schrift und wird an anderer Stelle (am „Donnerstagnachmittag") noch vertieft behandelt werden.

Kommen wir nun zur Frage der Aneignung von Tugenden: Rein theoretisch könnte ein Weg ihrer Aneignung darin bestehen, appellativ zu ihrer Befolgung aufzurufen. Zahllose Erfahrungen von Lehrern beinahe aller pädagogischen Richtungen zeigen jedoch, dass dieser Weg wenig erfolgversprechend ist. Dies werden auch die meisten Eltern, die versucht haben, ihre Kinder mit Mahnungen und Warnungen auf den ‚Pfad der Tugend' zu führen, bestätigen: Das eigene Kind, der Schüler muss eine bestimmte Verhaltenskultur <u>selbst</u> <u>wollen</u>, damit es/er sein Verhalten ändert. Appelle und Warnungen bewirken nur wenig und führen schnell zu mitunter ernsthaften Zerwürfnissen zwischen Eltern und Kindern und selbst im Lehrer-Schüler-Verhältnis, das im Unterschied zum Eltern-Kind-Verhältnis einen förmlichen Charakter mit etlichen Regularien hat, ist ihr Erfolg meist nur selten gegeben. Damit der Nachwuchs den Willen hat, bestimmte Verhaltensänderun-

---

17 Vgl. hierzu O. F. Bollnow: Wesen und Wandel der Tugenden, 1975.

gen bei sich einzuleiten, braucht er evidente Begründungen, die eben diese Veränderungen rechtfertigen. Genau hier stellt sich das Problem. Denn wie bereits erwähnt, ist es um das Vorhandensein von Tugenden und den korrespondierenden Begründungen in unserer Gesellschaft zunehmend schlechter bestellt. Der schwedische Psychiater David Eberhard äußert dazu: „Früher gab es eine Gemeinschaft der Erwachsenen. Man hatte die gleichen Werte, was Erziehung anging. Wenn sich ein Kind danebenbenahm, ging man hin und sagt: Hör auf damit! Diese Übereinkunft gibt es nicht mehr. Wir Erwachsenen stehen nicht mehr füreinander ein, wir stehen nur noch für unsere Kinder ein."[18] Die gesellschaftlichen Folgen dieser Entwicklung, in der „sich Eltern nicht mehr wie verantwortungsvolle Erwachsene verhalten"[19], beschreibt Eberhard: „Sie [= Die Erwachsenen, Erg. des Vf., H.S.] glauben beste Freunde ihres Kindes sein zu müssen. Sie stellen sich auf eine Stufe mit dem Kind, wagen nicht, ihm zu widersprechen, Grenzen zu setzen. Sie treffen keine Entscheidungen mehr, sondern wollen so cool und hip und rebellisch sein wie ihre Kinder. Unsere Gesellschaft besteht nur noch aus Teenagern."[20]

Man kann nicht mehr auf einen Pool von bewährten, in unserer Gesellschaft wie selbstverständlich vorhandenen Tugenden zurückgreifen. Unsere Schulen werden in doppelter Hinsicht mit diesem Problem konfrontiert:

---

18 D. Eberhard in Art. „So ziehen wir Rotzlöffel heran". Der schwedische Psychiater und Buchautor David Eberhard sagt, eine liberale Erziehung schade Kindern und Eltern. Jeanette Otto unterhielt sich mit ihm in Stockholm, in: Die Zeit, 12. März 2015, Nr. 11, S. 71.
In seinem Buch „Kinder an die Macht. Die monströsen Auswüchse liberaler Erziehung" (2015) vertieft Eberhard seines Thesen, die er in dem Interview in „Die Zeit" angeführt hatte.

19 D. Eberhard in Art. „So ziehen wir Rotzlöffel heran". Der schwedische Psychiater und Buchautor David Eberhard sagt, eine liberale Erziehung schade Kindern und Eltern. Jeanette Otto unterhielt sich mit ihm in Stockholm, in: Die Zeit, 12. März 2015, Nr. 11, S. 71.

20 Ebd.

– erstens nämlich dadurch, dass es zunächst ihre Aufgabe ist, sich mit dem Problem schwacher schulischer Leistungen von Schülern befassen zu müssen, die aber ihre Ursache darin haben – freilich nicht allein, aber in nicht unerheblichem Maße –, dass immer mehr ein Mangel an Sekundärtugenden vorherrscht, und
– zweitens dadurch, dass sie von der Gesellschaft, insbesondere aber von einer stetig steigenden Zahl von Eltern als eine Erziehungseinrichtung betrachtet werden, die neben Lerninhalten auch die erzieherische Verantwortung – explizit die ethische Werte- und Verhaltenserziehung – für ihre Kinder übernehmen sollen.

Inwieweit dieses Anspruchsdenken von Eltern gerechtfertigt ist – zumal dann, wenn sie sich in zunehmendem Maße von ihrer gesetzlich festgelegten Pflicht zur Erziehung ihrer Kinder (vgl. Art. 6,2 GG) verabschieden –, ist eine kontrovers diskutierte Frage. Für die Schulen jedenfalls kann eine Übernahme von Erziehungsaufgaben schnell zu einer Überforderung führen, die sich möglicherweise dahingehend auswirken könnte, dass sie ihr eigentliches ‚Kerngeschäft', nämlich die Vermittlung von Wissen, vernachlässigen. Diese Sorge ist nicht unbegründet, wenn man beobachtet, welchen gewaltigen Zeit- und Energieaufwand Lehrer in manchen Unterrichtsstunden aufbringen müssen, bis endlich eine Vermittlung von Wissen stattfindet. Dennoch können sich Schulen nicht einfach von jeglicher Erziehungsverpflichtung gegenüber ihren Schülern freisprechen, besonders dann nicht, wenn sie das Lernen als einen ganzheitlichen Prozess verstehen wollen, bei dem der Lernende in seiner Gesamtheit, also nicht nur im Blick auf seine kognitiven Fähigkeiten betrachtet wird. Dann ist es nämlich unbedingt erforderlich, sich intensiv mit den sonstigen persönlichen Voraussetzungen des einzelnen Lernenden zu befassen und das eigene pädagogische Konzept so zu gestalten, dass es für ihn den größtmöglichen Erfolg erbringt. In der Konsequenz könnte dies bedeuten, dabei auch Aufgabenfelder mit zu bedienen, die traditionell sonst den klassischen Erziehungsaufgaben zugeordnet werden.

Ein guter Kompromiss zwischen einer intensiven Wahrnehmung erzieherischer Aufgaben und einer Beschränkung auf die Vermittlung von Lerninhalten könnte darin bestehen, dass die Schulen zunächst einmal die Potenziale ausschöpfen, die ihnen ohnehin zur Verfügung stehen. Und welches Schulfach wäre für die Vermittlung von Tugenden und deren Begründung besser geeignet als der konfessionelle Religionsunterricht! Nicht selten stellt er in der Akzeptanz der Fächer das Schlusslicht dar und rangiert hinsichtlich der ihm zugesprochenen Wertigkeit mancherorts sogar hinter dem Sportunterricht. Dabei birgt er Möglichkeiten in sich, die von vielen seiner Kritiker leicht übersehen werden. Am ehesten zeigt sich die Bedeutung des Religionsunterrichts beim Auftreten schulischer Krisensituationen, etwa wenn es an Schulen zu Problemen mit Gewalt, Drogen, Diskriminierung u. ä. kommt oder wenn es nach einem Amoklauf oder nach einem Verkehrsunfall, von dem Schüler der eigenen Schule betroffen waren, notwendig wird, die Themenfelder ‚Leid', ‚Tod' und ‚Sterben' zu behandeln. In solchen Situationen erwartet man vom Religionsunterricht berechtigterweise Antworten und Hilfestellungen, und manch einem wird dann möglicherweise zum ersten Mal deutlich, dass ein Unterricht in den Kernfächern Mathe, Deutsch, Englisch keinesfalls ausreichend sein kann, um Schüler angemessen auf das Leben vorzubereiten. Dem stimmt sogar der Harvard-Dozent Yascha Mounk zu, der ansonsten die Bedeutung der Allgemeinbildung als eines schulischen Auftrags eher gering schätzt, diese aber doch zulässt, „weil sie ihnen [= den Schülern, Erg. des Vf., H. S.] ein reflektiertes, selbstbestimmtes Leben ermöglicht"[21].

Ohne den konfessionellen Religionsunterricht würde den Schülern nicht nur eine schulisch geleitete und damit eine auf Differenzierung angelegte Auseinandersetzung mit den für unsere Gesellschaft wichtigsten ethischen Normen, Werten und Sozialkompetenzen sowie ein damit verbundenes geisteswissenschaftliches Grundwissen vorenthal-

---

21 Y. Mounk: Art. „Allgemeinbildung ist überschätzt", in: Die Zeit, 20. Januar 2015, Nr. 5, S. 63.

ten werden, sondern ihnen blieben auch ganz wesentliche Fragestellungen (wie z. B. die der eigenen Endlichkeit und Begrenztheit, die Frage nach der Wirklichkeit jenseits der empirischen Wirklichkeit, die Frage nach Gott u. a.) unerschlossen, um die sich die klassische Metaphysik bemüht und die im schulischen Kontext vom konfessionellen Religionsunterricht behandelt wird.[22] Würde man auf eine Behandlung jener Themenfelder und Fragestellungen gänzlich verzichten, so würde sich dies nicht nur beim Auftreten o. g. schulischer Krisensituationen rächen, die naturgemäß zum Alltag von Schulen gehören, sondern man würde den Schülern auch einen wesentlichen Teil der Wirklichkeit unterschlagen, der jedoch unbedingt nach Auseinandersetzung verlangt. Das auf diese Weise entstandene Defizit würde sich dann beispielsweise in der fehlenden Kompetenz der Schüler zeigen, eine sachlich gut begründete Position zu Themen wie ‚Arm und Reich‘, ‚Ehrlichkeit‘, ‚Solidarität‘, ‚Zivilcourage‘, ‚Sterbehilfe‘, ‚Präimplantationsdiagnostik‘ u. a. zu entwickeln, die ja gerade eine Beschäftigung mit der durch eine Fokussierung auf die sog. ‚Kernfächer‘ ausgeblendeten Wirklichkeit voraussetzt. Man wird kaum darauf hoffen dürfen, dass sich jene Schüler als wertvolle Gesprächspartner an gesellschaftlichen Debatten zu diesen wichtigen Themenbereichen beteiligen werden. Dazu fehlt ihnen schlicht und ergreifend der Horizont.[23]

Es bleibt festzuhalten, dass bei einer Beschränkung des schulischen Unterrichts auf die sog. Kernfächer wichtige Teile der Wirklichkeit entweder gar nicht oder nur ungenügend und oberflächlich erfasst und behandelt werden. Damit soll freilich nicht die Forderung erhoben werden, die Stellung des Religionsunterrichtes im schulischen Fächerkanon über Gebühr hervorzuheben. Als besonders abschreckend mag in diesem Zusammenhang das Beispiel des jungen Gottfried Ephraim Lessing angesehen werden, der als Schüler an der Fürstenschule St.

---

22 Vgl. hierzu E.-W. Böckenförde: Der säkularisierte Staat. Sein Charakter, seine Rechtfertigung und seine Probleme im 21. Jahrhundert, 2007.
23 Vgl. hierzu bes. L. Kuld, Lothar (Hg.): Pädagogik ohne Religion? Beiträge zur Bestimmung und Abgrenzung der Domänen von Pädagogik, Ethik und Religion, 2005.

Afra in Meißen wöchentlich 25 Stunden Religionsunterricht über sich ergehen lassen musste.[24] Gleichwohl muss dem Fach aber ein angemessener Stellenwert eingeräumt werden, damit es „einen eigenständigen Beitrag zur persönlichen Orientierung und individuellen Bildung der Schülerinnen und Schüler [...] [und] zu einer Kultur der Lebensförderung, des Vertrauens und der Liebe"[25] leisten, also das notwendige „Salz in der Suppe" des Fächerkanons sein kann.[26]

Eine solche Funktion könnte ein Ethikunterricht niemals wahrnehmen, weil er sich zu sehr in der Darlegung weltanschaulicher, ethischer und philosophischer Fragen verliert, ohne der Ausbildung der individuellen Persönlichkeit des Schülers Beachtung zu schenken. Zu Recht hat der Ethikunterricht in Hessen und in anderen Bundesländern deswegen lediglich den Status eines Ersatzfaches, dessen Aufgabe darin besteht, „Verständnis für Wertvorstellungen und ethische Grundsätze und [...] [den] Zugang zu ethischen, philosophischen und religionskundlichen Fragen"[27] zu vermitteln. Persönliche Orientierung und individuelle Bildung können Schüler von ihm jedoch kaum erwarten. Dazu ist er von seiner inhaltlichen Ausrichtung zu allgemein und fordert die Schüler zu wenig heraus, ausgehend von dem dargebotenen Unterrichtsstoff eigene Lebens- und Wertevorstellungen zu überdenken und ggf. zu korrigieren. Dieses Manko setzt sich beim Selbstverständnis des Ethiklehrers fort, der selbst keine eigene ethische Position vertreten muss, dadurch den Schülern aber auch keine Reibungsflä-

---

24 Vgl. D. Mahnert: Gottfried Ephraim Lessing. Emilia Galotti. Inhalt, Hintergrund, Information, 2010, S. 18.
25 Hessisches Kultusministerium: Lehrplan evangelische Religion. Gymnasialer Bildungsgang. Jahrgangsstufen 5G bis 9 G und gymnasiale Oberstufe, 2010, unter: https://verwaltung.hessen.de/irj/HKM_Internet?cid=ac9f301df54d1fbfab83dd3a6 449af60, Evangelische Religion 2010.pdf, S. 3, [Stand: 20.04.2015].
26 Vgl. dazu auch: L. Kuld (Hg.): Pädagogik ohne Religion? Beiträge zur Bestimmung und Abgrenzung der Domänen von Pädagogik, Ethik und Religion, 2005.
27 Hessisches Schulgesetz in der Fassung von 14. Juni 2005, GVBl. I, S. 441), zuletzt geändert durch das Gesetz vom 18. Dezember 2012 (GVBl. S. 645), § 8 (4), unter: https://kultusministerium.hessen.de/sites/default/files/HKM/hessisches_schulgesetz.pdf, S. 21, [Stand: 1.03.2015].

che darbieten kann, an der sie ihre eigenen Positionen zu Fragen der Lebensgestaltung und Lebensführung ausbilden können.

Da der Ethikunterricht nicht darauf abzielt, bei den Schülern bestimmte ethische Wertvorstellungen zu wecken oder bereits vorhandene zu festigen, ist er nicht nur im Blick auf die moralische Entwicklung der Schüler weitgehend nutzlos, sondern auch hinsichtlich der Stärkung der Demokratie. Denn wie der ehemalige Bundesverfassungsrichter Böckenförde richtig bemerkt, lebt unser *„freiheitliche*[r] *und säkularisierte*[r] *Staat [...] von Voraussetzungen, die er selbst nicht garantieren kann."*[28] Zu diesen Voraussetzungen, die Böckenförde meint, gehören insbesondere die ethischen Werte und Einstellungen, die durch den konfessionellen Religionsunterricht vermittelt werden.[29] Ein Ethikunterricht jedoch, der nur ethische Haltungen beschreibt und entsprechende Fragestellungen anführt, entspricht möglicherweise zwar den Idealen eines säkularen Staates, allerdings trägt er aus den genannten Gründen weder konstruktiv noch produktiv zur Festigung der freiheitlich-demokratischen Grundordnung unseres Staates bei.

Anders als beim Ethikunterricht steht beim konfessionellen Religionsunterricht der Unterrichtende mit seiner Person für die Inhalte seines Unterrichts vor seinen Schülern ‚gerade', da es – zumindest aus Schülerperspektive – weitaus stärker als bei anderen Unterrichtsfächern zu einer Identifikation zwischen dem Unterrichtenden und dem Unterrichtsstoff kommt.[30] Kirchenrechtlich wird die Stellung

---

28 E.-W. Böckenförde: Staat, Gesellschaft, Freiheit. Studien zur Staatstheorie und zum Verfassungsrecht, 1976, S. 60.

29 Es ist angesichts der moralischen Vielfältigkeit einer Gesellschaft wie der unsrigen einleuchtend – und dies hat nicht nur Böckenförde in seinen späteren Schriften immer wieder deutlich gemacht, sondern es ist auch die hier vertretene Position –, dass es nicht nur religiös begründet ethische Wertvorstellung gibt, sondern auch andere.

30 Vgl. hierzu: R. Englert: Die Krise pädagogischer Berufe und das Berufsethos des Religionslehrers, 1998.

des Religionslehrers mit den Begriffen ‚Vocatio' und ‚Missio canonica' beschrieben, was bedeutet, dass der Religionslehrer i. d. R. von einer der beiden christlichen Kirchen, deren Mitglied er sein muss, beauftragt wird, in ihrem Sinne Schülerinnen und Schüler im Fach Religionslehre zu unterrichten. Diese Beauftragung geschieht unter dem Anspruch der jeweiligen Kirche, dass der Religionslehrer zumindest grundsätzlich von ihr als Institution sowie von den Inhalten ihrer Lehre persönlich überzeugt sein muss. Fehlt die persönliche Überzeugung des Lehrers, so wird ihn die Kirche nicht zum Religionsunterricht beauftragen. Dies ist durchaus nachvollziehbar, denn die Inhalte dieses Schulfaches sind nicht allgemeingültiger Natur, sondern sie setzen das Vorhandensein persönlicher Glaubensüberzeugungen voraus, die im Rahmen des schulischen Unterrichts nicht selten von Schülern zurate gezogen oder aber auch hinterfragt werden. Eben aus diesem Grund darf auch kein Lehrer gegen seinen Willen dazu verpflichtet werden, Religion zu unterrichten.[31]

Neben einer persönlichen Glaubensüberzeugung ist es für den Religionslehrer unerlässlich, seinen Unterrichtsgegenstand möglichst gut zu kennen und die Fähigkeit zu besitzen, ihn systematisch zu entfalten. Doch um die Arbeit einer systematischen Entfaltung überhaupt sinnvoll leisten zu können, muss der Lehrer in der Lage sein, sein Fach plausibel innerhalb der vorfindlichen Wirklichkeit zu verorten. Dazu ist er deswegen verpflichtet, weil sich den Schülern nur so die Sinnhaftigkeit eines Schulfaches erschließt. In diesem Punkt unterscheidet sich der Unterricht im Fach Religionslehre nicht von dem in anderen Fächern. Während sich der Religionslehrer darum müht, die Spuren christlicher Religion in Geschichte und Gegenwart nachzuzeichnen und ihre Relevanz für heute lebende Menschen aufzuzeigen, findet Entsprechendes auch bei Lehrern anderer Fächer wie der Mathematik, der Biologie und der Chemie statt. Auch sie müssen ihren Schülern begreiflich machen, welchen ‚Sitz im Leben' ihr Unterrichtsfach hat.

---

31 Vgl. Art. 7, Abs. 3 GG.

Aristoteles vertritt einen sehr weiten Begriff von Wirklichkeit. Deswegen wurde seine Philosophie von christlichen Theologen zu Recht als Darstellungshilfe für die christliche Glaubenslehre herangezogen. Aber auch für die Arbeit von Pädagogen, die ihren Schülern nicht nur Wissen vermitteln, sondern ihnen Wirklichkeiten aufschließen und sie auf diese Weise zu bewusst und verantwortungsvoll handelnden Menschen erziehen wollen, kann das Vorbild des Aristoteles eine echte Hilfe sein. Denn die großen Stärken seines Denkansatzes bestehen darin, a) in methodischen Schriften die vorfindliche Wirklichkeit möglichst genau aufzunehmen, b) sie anschließend in Ordnungen zu fassen und zu kategorisieren und c) daraus schließlich einen oder gar mehrere lebenspraktische Zweckdienlichkeiten abzuleiten.

Hier kommen wir zu einem wichtigen Punkt:

Damit sich Menschen in der Welt orientieren können, müssen sie sich geeignete Ordnungssysteme anlegen, denen sie die von ihnen wahrgenommenen Gegenstände und Ereignisse zuordnen können. Denn der Prozess des Zuordnens ist für die Entwicklung des Verstehens überaus wichtig, genauer gesagt: Es kommt erst durch den Akt des Zuordnens, der entweder intuitiv oder aber auch bewusst und also aufgrund rationaler Entscheidungen geschehen kann, sukzessiv zu einem Verstehen, und zwar sowohl von einzelnen Gegenständen als auch von größeren Zusammenhängen, in denen sich die einzelnen Gegenstände befinden. Anschaulich kann man die Entwicklung von Ordnungssystemen bei Kleinkindern beobachten, die sich auf diese Weise die Wirklichkeit erschließen. Sie ordnen Gegenstände im Spiel oder mit Hilfe ihrer sprachlichen Ausdrucksmöglichkeiten einander zu, erweitern die angelegten Ordnungen und verwerfen sie anschließend wieder, indem sie sie durch neue Ordnungen ersetzen, weil ihnen diese plausibler erscheinen. Nichts anderes tun Schüler, wenn sie lernen, oder Forscher, wenn sie Erklärungen für Phänomene suchen, die bislang unentdeckt waren.

Betrachtet man die einzelnen Ordnungssysteme, so kann man feststellen, dass sie hinsichtlich ihrer Ausformung durchaus sehr unterschiedlich sind. Manche von ihnen fragen nach der Herkunft, dem Nutzen oder der Zukunft von Gegenständen, andere nach der Qualität oder der Quantität von Gegenständen, wieder andere nach dem Verhältnis einzelner Gegenstände zu anderen Gegenständen u. v. a. Entscheidend ist jedoch weder die Systematik eines Ordnungssystems, noch dass die Zuordnungen der Gegenstände zu den jeweils gewählten Ordnungssystemen immer absolut korrekt sind und auch nicht, dass die einmal getroffenen Zuordnungen dauerhaft sind. Wesentlich ist vielmehr, dass Menschen überhaupt Ordnungssysteme entwickeln. Denn damit wird der für den Prozess des Lernens entscheidende Startschuss gesetzt: Lernen fängt stets damit an, dass man differenziert, und das bedeutet, dass man Gegenstände zunächst bewusst wahrnimmt und sie anschließend einteilt in einander ähnliche, einander gleiche und voneinander unterschiedliche. Auf diese Weise wird das Einzelne aus der Masse hervorgehoben und zu etwas Besonderem. In Anwendung dieser Betrachtungsweise hört auch die vorgefundene Welt auf, ein gleichförmiges Einerlei zu sein, sondern sie stellt sich als ein Gebilde dar, das aus unzähligen Einzelelementen zusammengesetzt ist und nach bestimmten, noch zu eruierenden Regeln funktioniert.

Damit es aber bei den Schülern zu einer solchen Weltsicht kommen kann, müssen sie unbedingt von ihren Lehrern sowohl bei der Entwicklung als auch bei der Zuordnung zu Ordnungssystemen angeleitet werden. Theoretisch denkbar ist es freilich auch, dass Schüler auf autodidaktischem Wege lernen. Doch dies ist für sie zum einen mit sehr viel eigener Anstrengung verbunden und zum anderen ist es für sie weitaus komfortabler auf bereits vorhandenes und überprüftes Wissen zurückzugreifen als eigenes entwickeln zu müssen. Dazu kommt, dass beim autodidaktischen Lernen die Korrekturen des Lehrers fehlen, mit denen er seine Schüler vor groben Irrwegen bewahren kann. Deswegen ist es immer sinnvoll, dass Lernende Hilfen und Anleitungen von Lehrern beim Lernen in Anspruch nehmen. Wie diese Hilfen im Einzelnen aussehen können und was Aristoteles dazu zu sagen hat, darauf wird an späterer Stelle noch eingegangen werden. Hingewiesen sei hier jedoch darauf, dass Lehrer, die ihre Schüler bei der Arbeit mit Ordnungssystemen unterstützen wollen, Folgendes feststellen werden: Je höher der Bildungsgrad der Schüler, desto stärker ist deren Differenzierungsvermögen und damit der Grad der Differenzierung bei den gewählten bzw. entwickelten Ordnungssystemen ausgebildet. Es ist einleuchtend, dass dies Konsequenzen für die Planung des Unterrichts haben muss. Zwar zeichnet sich grundsätzlich jeder gute Unterricht dadurch aus, dass er Schüler dazu anleitet, Orientierung in ihrer vorfindlichen Wirklichkeit zu finden. Doch während jüngere Schüler von ihren intellektuellen Fähigkeiten her zumeist nicht darüber hinauskommen, Gegenstände in vorgegebene Kategorien einzuordnen, werden ältere Schüler schon gut dazu in der Lage sein, eigenständig neue Ordnungssysteme zu entwickeln und alte, ihnen ungeeignet erscheinende Ordnungssysteme zu verwerfen. Lehrer sollten dies bei ihrer Unterrichtsplanung berücksichtigen und darauf achten, dass sie ihre Schüler weder über- noch unterfordern, da beides den Lerneifer mindern kann.

Weil die Arbeit mit Ordnungssystemen für das Lernen so wichtig ist, ist ein Unterricht oder ein Schulsystem, das Lerninhalte ungeordnet und damit ohne Bezug zu bereits Bekanntem vermittelt, nicht nur in lernpsychologischer, sondern auch in pädagogischer Hinsicht als höchst problematisch einzustufen, wie ich noch aus eigenem Erleben berichten kann:

Mit Grausen erinnere ich mich an den Politikunterricht, den ich als Oberstufenschüler über mich ergehen lassen musste. Beinahe in jeder Unterrichtsstunde wurde eine lebhafte Diskussion zu aktuellen, tagespolitischen Themen wie ‚Umweltschutz' und ‚Wettrüsten' angestoßen, allerdings ohne dass uns Schülern die grundlegendsten politischen und wirtschaftlichen Zusammenhänge bekannt waren, die für eine Bearbeitung dieser anspruchsvollen Themen unbedingt erforderlich gewesen wären. Das führte dazu, dass das Niveau des Unterrichts kaum über das drittklassiger Nachmittagstalkshows hinaus kam, die nach dem Motto verfahren „Rede einfach etwas daher. Irgendwas davon wird schon richtig sein." Das eigentlich Verheerende an jenen Diskussionen bestand aber darin, dass die Schüler die abenteuerlichsten Ideen entwickelten, wie sie die Welt verbessern oder sie vor ihrem vermeintlichen Untergang retten könnten, die aber aufgrund der fehlenden Hintergrundinformationen zu den besprochen Unterrichtsthemen nur als absolut realitätsfern bezeichnet werden konnten.

An diesem Negativbeispiel pädagogischer Bemühung kann man lernen, dass Lerninhalte niemals vermittelt werden sollten, ohne dass sie in einen direkten Bezug zu anderen Lerninhalten gestellt werden. Anders ausgedrückt: Lernen bedarf der Anwendung von Ordnungen und Ordnungssystemen, in die Lerninhalte gestellt werden. Ohne diese bleiben die Inhalte solipsistisch und es kann im Blick auf sie zu keinem echten Lernfortschritt kommen, im Gegenteil: Die Beschäftigung mit jenen Lerninhalten treibt ohne die Einbindung in Ordnungssysteme mitunter die abenteuerlichsten Blüten.

Ähnliches wie für meinen Politikunterricht, den ich als Schüler zu ertragen hatte, gilt für den Geschichtsunterricht. Detailreich wurden hier etliche Einzelthemen behandelt, ohne dass der Zusammenhang deutlich gemacht wurde, in dem sie stehen. Dadurch konnten sich die Einzelthemen nicht mit dem bereits vorhandenen Wissen vernetzen und gerieten in Vergessenheit. Leider verließ ich – zu meiner Schande und der meiner damaligen Schule! – als Abiturient das Gymnasium, ohne ein ausreichendes Allgemeinwissen in Geschichte erworben zu haben. Erst nach meiner Schulzeit, vor allem während meines Theologiestudiums habe ich in mühevoller Nacharbeit die Versäumnisse meiner Schule nachgeholt und mir ein annehmbares Grundwissen in deutscher, in europäischer und in außereuropäischer Geschichte angeeignet, indem ich mir zunächst einen groben Überblick über einzelne Epochen der Geschichte verschaffte und mich dann intensiver mit den jeweiligen Epochen sowie mit einzelnen wichtigen Personen der Geschichte beschäftigte.

Fassen wir unsere bisherigen Überlegungen zum Thema ‚Lernen und Ordnung' zusammen: Lernen braucht Ordnungen. Damit sind aber nicht allein äußerlich sichtbare gemeint, wie zeitlich geregelte Unterrichts- und Pausenzeiten, ein fester Sitzplatz in der Schule oder ein aufgeräumter Schreibtisch zu Hause. Diese äußeren Ordnungen sind unbedingt wichtig, da sie dem Lernenden ein Gefühl von Sicherheit und Behütetsein schenken, was die grundlegende Voraussetzung dafür ist, überhaupt in Ruhe lernen zu können. Stellen wir uns nur vor, ein Schüler müsste sich jeden Morgen darum kümmern, dass er einen Stuhl oder einen Tisch hat, an dem er arbeiten kann, oder dass das Licht und die Heizung im Klassenraum funktionieren; oder überlegen wir, wie es wäre, wenn sich Schüler die Frage stellen müssten, ob der Unterricht an diesem Tage überhaupt stattfinden wird. Dadurch würde ihr Lernen empfindlich gestört werden. Schüler, die in Kriegsgebieten oder in sehr armen Ländern mit äußerst schlechter Ausstattung der öffentlichen Schulen aufwachsen, werden das bestätigen.

Neben den äußeren Ordnungen braucht das Lernen aber auch innere. Das sind Einstellungen des Lernenden wie z. B. Zufriedenheit und innere Ausgeglichenheit, aber auch eine positive Haltung gegenüber dem Lerngegenstand und ein Wille, überhaupt einen Lernerfolg erzielen zu wollen. Erst diese inneren Ordnungen verleihen unserem Dasein eine Sinnhaftigkeit. Schüler, deren innere Ordnung durcheinander gekommen ist, etwa weil sich ihre Eltern getrennt haben oder weil sie in ihrer Klasse keine Anerkennung genießen, haben häufig Mühe zu erklären, weshalb sie überhaupt zur Schule kommen und aus welchem Grund sie sich im Unterricht anstrengen sollen. Es ist nicht übertrieben zu sagen, dass ihnen durch den Verlust ihrer inneren Ordnungen die Sinnhaftigkeit ihres Daseins verloren gegangen ist, was sich direkt in dem Grade ihrer Anstrengungsbereitschaft niederschlägt. Dass sich diese Haltung auf ihren schulischen Erfolg auswirkt, kann man sich leicht vorstellen.

Getragen von äußeren und inneren Ordnungen, die Voraussetzungen für ein erfolgreiches Lernen darstellen, vollzieht sich das Lernen durch die Entwicklung, Weiterentwicklung und Verknüpfung von Ordnungen, denen wir Gegenstände unserer Wirklichkeit zuordnen und auf diese Weise etwas über sie und ihren Stand in der Welt erfahren. Der Umgang mit jenen Ordnungen geschieht, wie uns die pädagogische Psychologie lehrt,[32] bereits in frühester Kindheit, wenn wir Gegenstände, Erfahrungen, Ideen u. a. voneinander unterscheiden und sie bestimmten Ordnungen zuordnen. So lernt ein Kleinkind: Mama und Papa, Oma und Opa sind Menschen und keine Tiere. Menschen gehören einer anderen Ordnung an als Tiere und sie verhalten sich auch anders. Davon ausgehend, lernt jedes Kind, sich situativ und hinsichtlich unterschiedlicher Objekte differenziert zu verhalten. In dem konkreten Beispiel lernt das Kind, dass Menschen aufgrund ihrer Zugehörigkeit zu einer bestimmten Ordnung anders zu behandeln sind als Tiere.

Der Anreiz zur Schaffung von Ordnungssystemen, die uns dabei helfen, den Prozess kognitiven Erkennens verstehbar zu machen und infolgedessen unseren eigenen Lernerfolg und den der uns anvertrauten Schüler zu verbessern, ist einer der wertvollsten Hinterlassenschaften, die Aristoteles den Pädagogen bieten kann. Wie bereits ausgeführt, kommt es weder darauf an, ob die Zuordnung eines Gegenstandes zu einer Ordnung richtig oder falsch ist, noch ob ein bestimmtes Ordnungsgefüge für die Zuordnung eines bestimmten Gegenstandes überhaupt geeignet ist. Entscheidend ist allein, dass durch die Schaffung bzw. die Neuerschaffung sowie durch die Korrektur von Ordnungssystemen der Anreiz zu weiterem Erkennenwollen hervorgerufen wird. Dies zu begreifen, ist eine der entscheidenden Erkenntnisse einer durch Aristoteles angeregten propädeutischen Pädagogik.

---

32 Vgl. W. Corell: Einführung in die pädagogische Psychologie, 1978, S. 40ff.

3 Der Montagnachmittag: Alle Dinge sind in der Logik begründet

Eine besondere Bedeutung innerhalb der aristotelischen Schriften zur Logik kommt dem Buch *Topik* zu, das nach späterer, nacharistotelischer Zusammenstellung das fünfte Buch der logischen Schriften darstellt, in dem Aristoteles seine Dialektik entfaltet. Der Zusammenstellung der logischen Schriften gab man den Namen ὄργανον („Organon"), was sich mit „Werkzeug" übersetzen lässt. Mit dieser Namensgebung versuchte man der aristotelischen Vorstellung einer kognitiven Welterschließung zu entsprechen: Um die Welt für sich und andere verstehbar zu machen, braucht es nach Auffassung des Aristoteles geeignetes „Werkzeug", das einem dabei hilft, richtig zu denken. Die Logik hat für Aristoteles also keinen Selbstzweck, sondern sie übt ausschließlich die Funktion eines „Werkzeuges" aus, das dabei hilft, formale und methodische Strukturen aufzuzeigen. Deswegen kann die Logik auch keinesfalls als Realwissenschaft gelten, die sich mit konkreten wissenschaftlichen Gegenständen beschäftigt, sondern sie ist eine Formalwissenschaft, die die Regeln des wissenschaftlichen Arbeitens beschreibt. Wendet man ihre Regeln sachgerecht an, so besteht die berechtigte Hoffnung, mit ihrer Hilfe zu klären, ob eine wissenschaftliche Herangehensweise an einen zu untersuchenden Gegenstand oder eine zu klärende Fragestellung formalwissenschaftlich angezeigt ist oder nicht. Damit wird weder eine Vorher-Festlegung des zu untersuchenden Gegenstandes noch der zu klärenden Fragestellung vorgenommen, sondern es werden lediglich Vorfragen bearbeitet, die den eigentlichen wissenschaftlichen Untersuchungen unbedingt vorausgehen müssen, um zu gewährleisten, dass diese auf einem wissenschaftlich gesicherten Fundament erfolgen.

Die Logik teilt in folgende Begriffe ein: Begriff (A), Kategorie (B), Urteil (C), Schluss (D), Beweis (E), Induktion (F):

(A) Ein **Begriff** ist das entscheidende Vollzugselement des Denkens. Ohne das Vorhandensein von Begriffen ist keine denkerische Leistung möglich. Allerdings müssen die Begriffe für das Denken erst brauchbar gemacht werden, indem man sie definiert. Dies geschieht dadurch, dass man Gegenstände zunächst miteinander vergleicht und sie anschließend unter besonderer Beachtung der zwischen ihnen vorhandenen Gemeinsamkeiten und Unterschiede kategorisiert. Der nächste Schritt auf dem Weg zur Bildung von Begriffen besteht dann darin, innerhalb einer Kategorie wiederum Unterschiede und Gemeinsamkeiten zwischen den einzelnen dort zugeordneten Gegenständen aufzuzeigen. Dieser Schritt wird so oft wiederholt, bis eine weitere Differenzierung nicht mehr möglich ist und sich die einzelnen Gegenstände, die man nun ‚Begriffe' nennt, jetzt eindeutig definieren lassen. Die auf diese Weise gewonnenen Begriffe weisen Eigenschaften auf, die sie mit anderen Gegenständen derselben Kategorie gemeinsam haben, und solche, die sie von anderen unterscheiden.

Insgesamt lassen sich Begriffe entwickeln, die einen hohen Grad an Allgemeinheit aufweisen, und solche mit einem niedrigeren Grad an Allgemeinheit. Am Ende des Strebens, Begriffe mit einem möglichst niedrigeren Grad an Allgemeinheit zu schaffen, bleibt der einzelne Gegenstand in seiner Individualität stehen. Dabei ist es Aristoteles nicht nur wichtig, dass alle Gegenstände begrifflich erfasst werden, sondern dass alle Begriffe in einer systematischen, lückenlosen Beziehung zueinander stehen.

(B) Eine **Kategorie** ist ein Oberbegriff, der sich nicht weiter verallgemeinern lässt. Erst mit seiner Hilfe ist es möglich, einen Gegenstand exakt zu beschreiben und ein Bild von der vorfindlichen Wirklichkeit verlässlich und nachvollziehbar anzufertigen. Für Aristoteles gibt es zehn Kategorien (Substanz, Quantität, Qualität, Relation, Zeitpunkt, Ort, Habitus, Zustand, Wirken und Leiden), von denen der Kategorie der Substanz eine Sonderstellung zukommt. Denn im Unterschied zu den übrigen Kategorien ist die Substanz ein wirklich Seiendes, während die anderen neun lediglich Qualitäten eines Gegenstandes haben und für sich alleine – also ohne die Kategorie der Substanz – gar nicht existieren können.

(C) Ein **Urteil** ist das Ergebnis der Verknüpfung von mehreren Begriffen. Es kann bejahend oder verneinend sowie allgemein oder besonders ausfallen. Die inhaltliche Spannweite eines Urteils kann von einer logischen Bewertung einer Seins-Aussage bis hin zur Beurteilung der Notwendigkeit der Zusammenstellung von mehreren Begriffen reichen.

Ist ein Urteil wahr, so ist nach Auffassung des Aristoteles eine zutreffende Beschreibung eines Seinsverhältnisses erfolgt.

(D) Ein **Schluss** ist eine Verbindung mehrerer in einem sachlich-logischen Zusammenhang stehender Urteile, bei der ein gedanklicher Fortschritt erreicht wird. Ein Schluss kann beispielsweise gezogen werden, wenn ein Urteil aus einem anderen Urteil abgeleitet wird. Daneben sind die Prämisse und die Konklusion für das Erreichen eines Schlusses von besonderer Wichtigkeit. Eine Prämisse ist die inhaltliche Voraussetzung für das Erzielen eines Schlusses, von einer Konklusion spricht man, wenn man aus einer oder mehreren Prämissen einen logischen Schluss zieht.

Von besonderer Bedeutung im Zusammenhang des Schlusses ist der Syllogismus, der aus zwei Prämissen besteht, nämlich einem Obersatz und einem Untersatz – aus denen man eine Folgerung ziehen kann.

(E) Ein **Beweis** folgt einem logischen Verfahren, bei dem einzelne als richtig angesehene Sätze mittels Verknüpfung so miteinander verbunden werden, dass sich aus einem Satz zwingend ein anderer herleiten lässt. Die Richtigkeit des ersten Satzes lässt sich beweisen, indem man auf Sätze verweist, die diesem übergeordnet und folglich auch allgemeiner sind. Dieses Verfahren stößt allerdings dann an seine Grenze, wenn sich keine allgemeineren Sätze mehr finden lassen, die die Richtigkeit des vorhergehenden Satzes beweisen. Außerdem lässt sich die

Richtigkeit der allgemeinsten Sätze nicht nachweisen. Sie ist nach dem aristotelischen Satz vom Widerspruch selbsterklärend und somit für die menschliche Vernunft unmittelbar evident.

(F) Eine **Induktion** geht von Einzelbeobachtungen aus, die miteinander verglichen und anschließend zusammengefasst werden, um schließlich aus ihnen allgemeine Schlussfolgerungen zu ziehen, deren Richtigkeit dann als einigermaßen sicher angenommen werden kann.

Der Kerngedanke der aristotelischen Logik besteht darin, dass sich allein durch die Methode der Induktion, also ausgehend von der Beobachtung von Einzelfällen und von einzelnen Gegenständen, allgemeine Aussagen über die empirische Wirklichkeit treffen lassen. Dies setzt freilich ein Vertrauen auf die grundsätzliche Richtigkeit der sinnlichen Wahrnehmung voraus. Zu Fehlern bei der sinnlichen Wahrnehmung kommt es nach Auffassung des Aristoteles nur, wenn beim Denken die einzelnen Begriffe, die den natürlichen Gegenständen zugrunde liegen, in falscher Weise miteinander verknüpft werden oder wenn Ableitungen fehlerhaft durchgeführt werden, z. B. indem Ableitungsstufen übersprungen werden. Damit dies nicht geschieht, kommt es für Aristoteles darauf an, die Denkenden in der richtigen Anwendung der Logik möglichst gut zu schulen, da eine fehlerhafte Anwendung der Logik dazu führt, dass die Wirklichkeit von ihnen fehlerhaft oder nur verzerrt dargestellt wird.

Die aristotelische Logik kann der Pädagogik in vielerlei Hinsicht Anregungen bieten. Zuallererst ist daran zu denken, dass Schüler durch sie in ihren kognitiven Fähigkeiten geschult werden. Dazu gehört vor allem, dass sie natürliche Gegenstände möglichst differenziert wahrnehmen und anschließend stimmig kategorisieren. Hierbei kann ihnen die Logik des Aristoteles ein überaus hilfreiches ὄργανον („Werkzeug") sein. Allerdings sollte die aristotelische Lehre von der Logik ihnen gegenüber nicht als eine Art „Elementarkurs in Fragen der Wahrnehmung" vorgestellt werden, dessen Inhalte sie immer und unbedingt zur Anwendung bringen sollten. Denn dies würde bedeuten, von ihnen zu verlangen, die Richtigkeit der aristotelischen Logik unkritisch und in vollem Maße anzuerkennen, was auf gar keinen Fall geschehen darf. Denn immerhin hatte Aristoteles selbst Zweifel an seiner eigenen Kategorienlehre und reduzierte im Laufe seines Lebens die Anzahl der von ihm aufgestellten Kategorien. Kritische Stimmen gegenüber dem auf der aristotelischen Logik basierenden Wirklichkeitsverständnis, die z. T. grundsätzlicher Art waren, erhoben neben Kant, der allerdings trotz all seiner Kritik an Aristoteles dessen Kategorienlehre weiterentwickelte, besonders die Existenzialisten Kierkegaard und Heidegger. Diese hegten ernsthafte Zweifel daran, dass Aristoteles mit seiner Logik tatsächlich in der Lage war, ein stimmiges Bild von der Wirklichkeit zu zeichnen. Sie meinten, dass ihm ganz wesentliche Teile der Wirklichkeit abhanden gekommen seien, weil a) die ‚Maschen' seines wissenschaftlichen ‚Fischernetzes' viel zu groß geraten seien[33] und weil b) der wissenschaftliche Standort von ihm falsch gewählt worden sei.[34]

Uns soll es hier nicht darum gehen, eine philosophische Diskussion über die Frage nach der Richtigkeit oder der Falschheit oder den Grenzen der aristotelischen Noetik zu führen. Unser Thema ist der pädagogische Nutzen seiner Logik – und dieser lässt sich unabhängig von dem Ausgang jener philosophischen Debatte bestimmen. Pädagogisch nützlich und hilfreich ist die aristotelische Lehre von der Logik erstens, weil sie ihren Ausgangspunkt bei der vorfindlichen Wirklichkeit nimmt, in der auch unsere Schüler beheimatet sind, und zweitens, weil sie wertvolle systematische Ansätze bietet, die Wirklichkeit zu erfassen und sich in ihr zu orientieren. Möglicherweise wirkt der hier angeführte pädagogische Nutzen der aristotelischen Logik auf den ersten Blick wenig spektakulär. Doch gerade bei seiner praktischen Anwendung zeigt sich seine herausragende Bedeutung:

---

[33] Diese Kritikpunkt wird ausführlich von dem Wissenschaftstheoretiker T. S. Kuhn in seinem Buch Die Struktur wissenschaftlicher Revolutionen, 1989, S. 49ff behandelt.

[34] Nach existenzialistischer Überzeugung werden wesentliche Wahrheiten nicht durch äußere, sondern durch innere Prozesse gewonnen.

Besuchen wir eine beliebige deutsche Schule und fragen die Schüler, weshalb sie im Fach Sport unterrichtet werden. Wir werden die unterschiedlichsten Antworten auf diese Frage erhalten:

- den Anteil von übergewichtigen Schülern innerhalb einer Klasse reduzieren,
- mehr über den gesundheitlichen Nutzen von körperlicher Bewegung in Theorie und Praxis erfahren,
- neue Sportarten erlernen u. a.

Selten ist den Schülern deutlich, dass der Sportunterricht per se und nicht erst durch eine aktuell vorgenommene besondere inhaltliche Gestaltung dieses Unterrichts eine sachlich-thematische Vernetzung mit anderen Unterrichtsfächern aufweist. Dies ist selbst Oberstufenschülern nicht unbedingt bewusst. Und es ist auch kein Phänomen, das sich allein auf den Sportunterricht beschränkt. Ebenso könnte man nach der Stellung und der Bedeutung des Kunst-, des Musik-, des Geschichts- oder des Religionsunterrichts im Kanon der übrigen schulischen Fächer fragen. Die allerwenigsten Schüler könnten erklären, warum die genannten Fächer notwendigerweise in die Reihe der Fächer gehören und auf welche Weise sie die übrigen Fächer inhaltlich ergänzen.

Die sich hierdurch ergebende Problematik ist vielfältig. Sie zeigt sich nicht nur in der fehlenden Fähigkeit der Schüler, grundsätzliche thematische Zusammenhänge zwischen unterrichtlichen Gegenständen, die innerhalb einer Schule in unterschiedlichen Fächern behandelt werden, erkennen und erklären zu können, sondern eben diese fehlende Fähigkeit der Schüler wirkt sich auch unmittelbar nachteilig auf den Lernerfolg aus, den sie eigentlich – nämlich unter idealen Lernbedingungen – in den einzelnen Schulfächern erzielen könnten:

- Weil sowohl im Bewusstsein der Schülerschaft als auch in der unterrichtlichen Praxis keine Vernetzung eines Unterrichtsfaches – in unserem Beispiel des Sportunterrichts – mit anderen Schulfächern besteht, wird ein unterrichtlicher Gegenstand nur aus der

Perspektive eines einzigen Schulfaches betrachtet. Dies führt dazu, dass man jenem Gegenstand nicht oder nur unzureichend gerecht wird. So werden etwa Bewegungsabläufe beim Basketballspiel im Sportunterricht meist ausschließlich unter dem Aspekt des Erlernens dieses Spiels thematisiert, humanbiologische Fragestellungen bleiben aber außer Acht.

– Im Bewusstsein der Schüler fördert dies die Entstehung einer Art ‚Hierarchie der Fächer', an deren Spitze für die meisten Schüler die eher theoretischen Fächer stehen, während die praktischen Fächer in ihrer Wertigkeit nach unten gedrängt werden, was in der Konsequenz bedeutet, dass nicht alle Unterrichtsfächer dieselbe Akzeptanz genießen („Mathe ist wichtiger als Sport!").

– Infolge der geringeren Akzeptanz einzelner Unterrichtsfächer geht die Lern- und Anstrengungsbereitschaft der Schüler in jenen Fächern spürbar zurück bzw. ist gar nicht vorhanden („Im Fach Sport bekommt man niemals eine schlechtere Note als eine 3. Dafür muss man sich nicht einmal besonders anstrengen. Es ist ausreichend, am Unterricht teilzunehmen und nicht allzu negativ aufzufallen.").

– Dies wiederum hat auch auf die sog. Kernfächer einen negativen Einfluss, der darin besteht, dass in der Perspektive der Schüler ausschließlich diese die Konturen der empirischen Wirklichkeit abbilden („Auf Mathe, Deutsch und Englisch kommt es an. Wenn man hier aufpasst, erwirbt man eine tragfähige Grundlage, auf der man eine Berufsausbildung oder ein Studium absolvieren kann. Alle anderen Fächer kann man eher vernachlässigen.").

Die ausschließliche Berücksichtigung der Fächer Mathe, Deutsch und Englisch bei der Zulassung zu höheren Schulformen sowie die Konzentration von Lernerfolgsstudien auf die sog. Kernfächer und die damit einhergehende Vernachlässigung der sog. Nebenfächer tun ein Übriges, damit in der Wahrnehmung der Schüler – und nicht nur bei ihnen! – das Bild von einem im Blick auf die Wertigkeit der einzelnen Fächer einheitlichen und vor allem auch gleichwertigen schulischen Bildungsangebot konsequent destruiert wird. Dies ist vor allem deswegen zu bedauern, da die Lehrpläne anderes erwarten lassen und zumindest theoretisch zulassen. So teilt etwa der hessische Lehrplan für die gymnasiale Oberstufe die einzelnen Schulfächer in vier Aufgabenfelder ein (– Aristoteles würde diese „Kategorien" nennen!):

1. sprachlich-literarisch-künstlerisches Aufgabenfeld
2. gesellschaftswissenschaftliches Aufgabenfeld
3. mathematisch-technisch-naturwissenschaftliches Aufgabenfeld
4. Sport.[35]

Die Zuordnung der Schulfächer zu den jeweiligen Aufgabenfeldern ist in der vorfindlichen Weise durchaus sinnvoll und erfolgt vor allem aus zwei Gründen:

– erstens, weil unter den dort angesiedelten Fächern sachlich-inhaltliche Verwandtschaften sowie Ähnlichkeiten in der Arbeitsweise bestehen,
– zweitens, weil jede der vier Fächergruppen für die Vermittlung und den Erwerb bestimmter Kernkompetenzen und Grundwissensinhalte steht.

Der Unterricht in den Fächern des ersten Aufgabenfeldes soll den Schülern dazu verhelfen, sich in unterschiedlicher Weise mitzuteilen und die Mitteilungen anderer zu deuten und zu verstehen. Die in diesem Aufgabenfeld erworbenen Fähigkeiten und Techniken bilden die Voraussetzung für den Unterricht in den Fächern des zweiten Aufgabenfeldes. (Aristoteles würde den Schritt vom ersten zum zweiten Aufgabenfeld möglicherweise als **Schluss** oder als **Urteil** bezeichnen, da durch die Verknüpfung von einzelnen Begriffen ein gedanklicher Fortschritt erreicht wird.) Doch nicht nur das erste und das zweite Aufgabenfeld hängen miteinander zusammen, sondern auch das dritte ist

---

35 Vgl. Hessisches Kultusministerium: Gymnasiale Oberstufe, unter: https://verwaltung.hessen.de/irj/HKM_Internet?cid=48a34f21388de135d056cf8266b8b151, [Stand: 20.04.2015].

mit diesen beiden verbunden: Das dritte Aufgabenfeld hat das erste zur Voraussetzungen und ermöglicht zugleich eine andere Art der Wirklichkeitsbeschreibung als das zweite Aufgabenfeld. Während nämlich im Aufgabenfeld II die Wirklichkeit ausschließlich unter gesellschaftswissenschaftlichen Fragestellungen betrachtet wird, stehen beim Aufgabenfeld III mathematisch-technisch-naturwissenschaftliche Aspekte im Fokus. Aristotelisch gesprochen, könnte man sagen, dass das von Einzelbeobachtungen ausgehende Prinzip der **Induktion** angewandt wird, da alle Fächer des schulischen Fächerkanons trotz ihrer Unterschiedlichkeit zu gemeinsamen Schlussfolgerungen im Blick auf die Darstellung und Bewertung der vorfindlichen Wirklichkeit gelangen. Insofern nimmt auch der wegen seines angeblichen Sonderstatus hier beispielhaft ausgewählte Sportunterricht innerhalb des Kanons der schulischen Fächer keine wirkliche Sonderstellung ein, da er „einen eigenständigen und nicht ersetzbaren Beitrag zur Einlösung des ganzheitlichen Bildungs- und Erziehungsauftrags der Schule [...] [leistet und] über den Fachunterricht hinaus ein wesentliches Element der Ausgestaltung eines der Gesundheit förderlichen und attraktiven Schullebens dar[stellt]"[36]. Der schulische Sportunterricht bietet somit – ganz im Sinne der Welterschließung des Aristoteles – den Schülern eine gute Möglichkeit, ihre Wirklichkeit zu erschließen und dabei sowohl in methodischer als auch in inhaltlicher Hinsicht Fragestellungen aufzunehmen, die man vielleicht eher in anderen schulischen Aufgabenfeldern vermuten würde. Naturwissenschaftliche Fragestellungen etwa (menschliche Motorik und Physiologie u. a.) können hier ebenso anschaulich behandelt werden wie gesellschaftswissenschaftliche (Gruppen- und Einzelverhalten u. a.).

Am Beispiel des schulischen Sportunterrichts zeigt sich besonders eindrücklich, dass es unbedingt notwendig ist, die inhaltlichen und die methodischen Zusammenhänge aufzuzeigen, in denen die einzelnen Schulfächer zueinander stehen. Denn hierdurch wird nicht nur die Akzeptanz des einzelnen Unterrichtsfaches gesteigert, das seine

---

36 Hessisches Kultusministerium: Lehrpläne Sport, in: http://verwaltung.hessen.de/irj/HKM_Internet?cid=fed0f69a13c4fa385a6d2a571d7d7e51, [Stand: 10.12.2013].

Stimme im Konzert der schulischen Fächer erhebt, sondern auch der Wert des schulischen Lernens, der darin besteht, Schüler möglichst umfassend zu bilden, wird in seiner Gesamtheit hervorgehoben.

Allerdings reicht weder ein allgemeiner Hinweis auf die bestehenden Zusammenhänge zwischen den einzelnen Schulfächern aus, um auch eine allgemeine Zustimmung darüber zu erreichen, dass alle Fächer zu einem großen Ganzen gehören, noch genügen einzelne Nachweise, wie sie hier ansatzweise für das Fach Sport geliefert wurden. Dafür ist vor allem auch eine entsprechende fachdidaktische Ausrichtung jedes einzelnen Faches vonnöten, die an anderer Stelle unbedingt vorgenommen werden muss. Denn ohne dass innerhalb der einzelnen Fächer ein Bewusstsein ihrer Verbundenheit mit anderen Unterrichtsfächern erzeugt wird, bleiben die Einzelfächer – wie ich am Beispiel meiner eigenen Erfahrung als Schüler im Politik- und Geschichtsunterricht zu verdeutlichen versuchte – im Bewusstsein der Schüler weitgehend solipsistisch für sich. Geschieht dies, ist das nicht zuletzt deswegen zu bedauern, da der Kanon der Schulfächer an allgemeinbildenden Schulen – bei allen Unterschieden in den jeweiligen Schulformen und in den einzelnen Bundesländern – eine deutlich wahrnehmbare Systematik erkennen lässt, die bei entsprechender fachdidaktischer Ausrichtung der Einzelfächer sogar einen methodischen Schlüssel (Aristoteles würde sagen: ein „Organon", ein Werkzeug) zum Verständnis der Wirklichkeit liefern könnte, wie im Folgenden gezeigt werden soll:

Ohne die Absichten der einzelnen Kultusministerien bei der Zulassung der einzelnen Unterrichtsfächer zu dem Kanon der ordentlichen Schulfächer unangemessen interpretieren zu wollen (denn immerhin gibt es kein historisches Datum, an dem man die Schule „erfand" und ihr bestimmte Fächer zuordnete, sondern es gab schon immer schulische Einrichtungen, an denen man sich bei der Konzeption der eigenen Schule orientierte!), zeigen doch sowohl die Auswahl der einzelnen Schulfächer als auch ihre Zuordnungen zueinander in den unterschiedlichen Aufgabenfeldern, dass hier Methoden der Wirklichkeitserschließung anzutreffen sind, die der aristotelischen nicht unähnlich sind. So werden ähnlich der aristotelischen Logik einander verwandte Fächer in Aufgabenfeldern zusammengestellt und damit zugleich von anderen, ihnen weniger entsprechenden Fächern abgegrenzt. Außerdem liefern die einzelnen Fächer aus einem Aufgabenfeld für die anderen aus demselben Aufgabenfeld logische und fachliche Begründungen wie die folgenden Beispiele zeigen sollen:

- Der Mathematikunterricht als Grundlagenfach liefert z. B. für den Unterricht in Physik notwendige mathematische Denkvoraussetzungen, die sich sowohl in der methodischen und als auch der inhaltlichen Gestaltung des Physikunterrichts niederschlagen; und auch der Unterricht in Chemie und der in Biologie ergänzen sich fachlich einander, indem sie sich gegenseitig Anschauungs- und Erklärungsmodelle liefern. Zugleich lassen die naturwissenschaftlichen Fächer logische Rückschlüsse auf die im Fach Mathematik vermittelten Inhalte zu und bestätigen die Richtigkeit des dort weitergebenen Wissens.
- Der sprachliche Grundunterricht im Fach Deutsch, in dem ein Grundverständnis über das Funktionieren von Sprache vermittelt wird, stellt eine notwendige Voraussetzung für das Erlernen von Fremdsprachen dar, da dort das im Deutschunterricht Gelernte zur Anwendung gebracht wird. So werden etwa im Fach Deutsch Begriffe für Satzbestandteile (wie z. B. ‚Verb', ‚Substantiv', ‚Konjunktion') oder Zeiten (wie z. B. ‚Präsens', ‚Perfekt' und ‚Plusquamperfekt') gebildet, die in dem fremdsprachlichen Unterricht aufgegriffen und bei der Vermittlung der Fremdsprache angewandt werden.
- Der Unterricht im Fach Philosophie, in dem nach den Möglichkeiten und Grenzen des menschlichen Denkens und damit zugleich auch nach der Legitimität von Glauben und Hoffnung sowie nach dem Wesen des Menschen gefragt wird, legt entscheidende inhaltliche Grundlagen für den Unterricht in den Fächern Religion, Ethik und Politik, in denen diese Fragen vertieft und erweitert werden. Freilich wäre es auch möglich, den gedanklichen Ausgangspunkt beim Religions- oder Ethikunterricht zu wählen und von dort aus

mithilfe der dort entwickelten Begriffe Inhalte des Philosophie- oder des Politikunterrichts zu erschließen.

Fragt man nach der inneren Logik, die für die Zuordnungen der einzelnen Schulfächer zueinander bestimmend gewesen sein mag, so wird man unweigerlich an die aristotelischen Methoden der Induktion und der Deduktion sowie an das aristotelische Operieren mit Begriffen und logischen Schlüssen denken. Ob die aristotelischen Methoden bei der Abfassung der Lehrpläne eine Rolle gespielt haben oder nicht, ist letztlich bedeutungslos. Für die Schüler ist der Bestand an logischen Strukturen innerhalb des Fächerkanons jedoch ein echter Glücksfall, weil ihnen damit ein methodischer Schlüssel gereicht wird, der ihnen dabei helfen kann, sich in geordneter und rational nachvollziehbarer Weise Wissen anzueignen und sich die Wirklichkeit zu erschließen.

Die Bedeutung dieses methodischen Schlüssels sollte nicht unterschätzt werden, denn ein solcher verheißt immer, dass ein bestimmter Weg vorgeschlagen wird, der einem bei der Wahrheitsfindung dienlich sein kann. Das bedeutet, dass man nicht orientierungslos auf sich allein gestellt ist. Nichts anderes meint das aus dem Griechischen stammende Wort ‚Methode' (μέθοδος), das sich aus den Worten μέτα (nach) und ὁδός (Weg) zusammensetzt.

Wenn man mit Schülern bestimmte Ziele erreichen will – und das sind Erklärung und Orientierung in der empirischen Welt –, so muss man sich dazu auf den richtigen Weg begeben. Doch welcher Weg („griechisch" gesprochen: welche Methode) ist richtig? Für Aristoteles ist es der der Begriffs- und „Kategorienbildungen, der logischen Urteile und logischen Schlüsse, der Beweise sowie der Induktionen und Deduktionen. Wir Heutigen sind im Blick auf die Auswahl unserer Methoden vorsichtiger, als man es in der griechischen Antike war, und wagen es kaum noch, irgendeinen methodischen Absolutheitsanspruch zu erheben. Und dies ist auch richtig so; denn sowohl unser Weltbild als auch unsere Kenntnisse über die empirische Welt unterscheiden sich komplett von denen des Aristoteles. Deswegen verbietet es sich für uns auch, das aristotelische *Organon* methodisch verabsolutieren zu wollen, da sich mit unseren gegenüber Aristoteles veränderten Vorstellungen von dem, was die Wirklichkeit sei, auch unsere Methoden zur Wirklichkeitserfassung sowie zur Orientierung in eben dieser Wirklichkeit verändert haben. Das bedeutet freilich keineswegs, dass die aristotelischen Methoden überholt wären; denn deren Nutzen soll ja hier gerade herausgestellt werden. Es geht lediglich darum, darauf hinzuweisen, dass Aristoteles mit seinen Methoden keinen alleinigen und auch keinen absoluten Anspruch erheben kann. Der Versuch, solche Ansprüche erheben zu wollen, wäre auch deswegen unsinnig, weil man das Phänomen der Korrelation zwischen der sich stetig verändernden Wahrnehmung der empirischen Wirklichkeit und den sich daran anpassenden Methoden zur Erforschung der Wirklichkeit nicht nur im Großen, also innerhalb der weltweiten Geschichte der Wissenschaft, beobachtet, sondern gerade auch im Kleinen, nämlich in dem individuellen Bestreben unserer Schüler, sich die Wirklichkeit zu erschließen; denn gerade die Heranwachsenden verändern ihr *Organon* im Laufe ihres Lebens immer wieder und veranschaulichen auf diese Weise, dass jegliche Weltentdeckung letztlich immer nur individuell, nach eigener Methode und nach eigener Rhythmik geschehen und schließlich nicht anders als in einer individuell geprägten und verantworteten Weltanschauung enden kann.

Trotz der Tatsache, dass sich das individuelle *Organon* eines Menschen im Laufe seines Lebens möglicherweise verändert, ist es wichtig, seitens der Schule darauf hinzuwirken, dass es bei den ihr anvertrauten Schülern überhaupt zu einer Ausbildung eines methodischen Bewusstseins beim Entdecken der empirischen Wirklichkeit kommt. Interessant ist in diesem Zusammenhang die Äußerung des bayerischen Lehrers Thomas Gerl, der sich in die Debatte um die bereits angeführte Twitter-Botschaft der siebzehnjährigen Schülerin Naina (s. Vorwort dieses Buches!) eingeschaltet hat.[37] Nach Auffassung Gerls gehört die Vermittlung von methodischen Grundprinzipien zu den Hauptaufga-

---

37 Die an dieser Debatte maßgeblich beteiligten Kontrahenten waren Ulrich Greiner, der die Position des Befürworters angeblich weniger nutzbringender Fächer einnahm, und Yascha Mounk, der als Gegner einer überbewerteten Allgemeinbildung auftrat (vgl. Y. Mounk: Art. „Allgemeinbildung ist überschätzt", in: Die Zeit, 20. Januar 2015, Nr. 5, S. 63–64).

ben heutiger Schulen. Denn seiner Meinung nach „braucht [ein junger Mensch, Erg. von mir] zum Start ins Leben sowohl Methoden, um Entscheidungen in unbekannten Situationen zu treffen, als auch ein Fundament an Erfahrungen und Wissen, auf das er aufbauen kann."[38] Wenn die Schule dem Heranwachsenden beides bereitstelle, werde dieser gut auf das Leben vorbereitet. Gerls Begründung, insbesondere die für die Aneignung und Einübung von Methoden, ist, dass der „Alltag manchmal ganz schön kompliziert sein [kann]. Oft ist es [deswegen] leichter, sich Grundprinzipien an einem einfachen Modell anzueignen und diese erst dann auf realistische Situationen anzuwenden".[39]

Damit kommen wir zurück zu der Aufteilung des schulischen Lernangebots in einzelne Fächer und zu der darin erkennbaren Methodik. Was bedeutet dies für die konkrete pädagogische Arbeit einer Schule? Zunächst einmal eine großartige Chance, die man nutzen sollte: Bereits zu Beginn ihrer Schulzeit sollte man sich daranmachen, den Schülern den Sinn dieser Aufteilung verständlich zu machen und ihren sachlichen und methodischen Nutzen für eine Beschreibung und Erschließung der vorfindlichen Wirklichkeit aufzuzeigen. Es gilt insbesondere, Folgendes deutlich zu machen:

1. Die einzelnen Fächer sind nichts anderes als unterschiedliche Zugänge zur empirischen Wirklichkeit. Deswegen können die Inhalte, die in einem einzelnen Fach behandelt werden, nur einen kleinen Ausschnitt der Wirklichkeit darstellen. Daraus folgt ein Zweites:
2. Kein Fach kann für sich allein eine absolute Bedeutung beanspruchen, sondern es steht in einem Verbund mit anderen Fächern. Aus diesem Grund verbietet es sich, von wichtigen und weniger wichtigen oder gar von zu vernachlässigenden Unterrichtsfächern zu sprechen.

---

38 T. Gerl: Art. „Mietverträge lernen im Unterricht? Nö!", in: Die Zeit, 7. Februar 2015, Nr. 6, S. 60.
39 Ebd.

3. Es gibt Schulfächer, die einen ähnlichen Zugang zur empirischen Wirklichkeit haben sowie thematisch und methodisch aufeinander aufbauen. Daneben gibt es Fächer, die sich inhaltlich und methodisch stark von anderen Fächern unterscheiden. Der Grad der Ähnlichkeiten zwischen den einzelnen Fächern bildet das Kriterium für ihre Zugehörigkeit zu einer bestimmten Fächergruppe, die wiederum den Schülern darüber Auskunft geben kann, welcher Zugang zur empirischen Wirklichkeit aktuell durch ein bestimmtes Unterrichtsfach gewählt wird.
4. Mit allen Unterrichtsfächern wird grundsätzlich dasselbe didaktische Ziel verfolgt: die Beschreibung und Erschließung der empirischen Wirklichkeit zu dem Zweck, sich hierin zu orientieren und sein Leben sinnvoll zu gestalten.

Die Bedeutung der einzelnen Unterrichtsfächer und ihre Stellung innerhalb des Fächerkanons sollte den Schülern im Laufe ihrer Schullaufbahn immer wieder von Neuem verdeutlicht werden, um bei ihnen auf diese Weise ein Bewusstsein dafür zu erwecken bzw. lebendig zu halten, dass sie durch ihr Schülersein an einem didaktisch-methodischen Prozess teilhaben, in dessen Verlauf sie sich nicht nur fachspezifisches Wissen aneignen, sondern sich auch bestimmte ὄργανα (Werkzeuge) erwerben können, die sie in die Lage versetzen, auch nach ihrer Schulzeit noch den Horizont ihrer Wirklichkeit sinnvoll und für ihre persönliche Lebensführung nutzbringend zu erweitern. Nur wenn die einzelnen schulischen Unterrichtsfächer für die Schüler deutlich nachvollziehbar in einem sachlich-methodischen Zusammenhang stehen, ist es legitim, von der konzeptionellen Einheitlichkeit einer schulisch angeleiteten Wirklichkeitserfassung zu sprechen. Ein gelegentlich durchgeführter, häufig lieblos gestalteter fächerübergreifender Projektunterricht ist hierfür zu wenig. Es bedarf einer konzeptionellen Gestaltung eines von der Schule verantworteten Bildungsauftrags, die aufgrund ihrer methodischen Einheitlichkeit und ihrer inhaltlichen Zielgerichtetheit überzeugend wirkt. Die aristotelische Logik kann hierzu wertvolle methodische und inhaltliche Hilfestellungen liefern, die im Vorfeld des eigentlichen Unterrichts, nämlich bei der Unterrichtsvorbereitung oder aber in der Propädeutik zur Unterrichtsvorbereitung zum Tragen kommen können, indem sie den Unterrichtenden anregen, sich folgende, sein Unterrichtsfach und dessen Stellung im Gesamtfächerkanon betreffende Fragen zu stellen:

– Was sind die Kerninhalte (Aristoteles: „Begriffe") meines Unterrichtsfaches?
– In welchem sachlichen Zusammenhang stehen die einzelnen Kerninhalte zueinander und welche gedanklichen Fortschritte (Aristoteles: „Schlüsse") können erreicht werden, wenn man sie nebeneinander stellt und sie anschließend nach inhaltlichen Kriterien ordnet (Aristoteles: „Kategorien" bildet)?
– Lassen sich logisch-notwendige Verbindungen (Aristoteles: „Urteile") zwischen den Kerninhalten einzelner Fächer herstellen?
– Ist es möglich, aus jenen logisch-notwendigen Verbindungen zwingend andere Sätze herzuleiten, die allgemeiner sind und die aufgrund ihrer Allgemeinheit die Richtigkeit jener Verbindungen beweisen (Aristoteles: „Beweis")?
– Welche allgemeinen Kenntnisse und Aussagen lassen sich aufgrund der in den einzelnen Fächern erworbenen Kenntnisse über die Wirklichkeit machen? (Aristoteles: Anwendung des Verfahrens der „Induktion")

Je intensiver sich Unterrichtende im Vorfeld ihrer Unterrichtsvorbereitung propädeutischen Vorüberlegungen stellen, die die Vernetzung von Unterrichtsinhalten mit anderen Unterrichtsinhalten oder von Unterrichtsfächern mit anderen Unterrichtsfächern zum Thema haben, umso mehr wird ihnen entweder freudig oder schmerzhaft bewusst, dass ihr eigener Unterricht solche Zusammenhänge und Vernetzungen entweder deutlich benennt oder aber weitestgehend vermissen lässt. In jedem Fall wird sich aber durch die Auseinandersetzung mit dieser Thematik ihr Bewusstsein dahingehend schärfen, dass sie als Unterrichtende maßgeblich mit dafür verantwortlich sind, dass bei ihren Schülern aus dem Mosaik von einzelnen Unterrichtsstunden und einzelnen Unterrichtsfächern langsam ein Gesamtbild der Wirklichkeit entsteht. Freilich verantwortet am Ende seines Lebens jeder einzelne Mensch jeweils für sich sein konkretes Welt- und Wirklichkeitsbild, wodurch sich auch der hier hervorgehobene Stellenwert der Schule als Bildungsträger und –vermittler relativiert, da die Schule ja nur eine von vielen Instanzen darstellt, die bei der Ausbildung individueller Welt- und Wirklichkeitsbilder prägend sind. Dennoch darf der schulische Einfluss nicht zu gering eingeschätzt werden, zumal er während einer Lebensphase ausgeübt wird, die entscheidend dadurch bestimmt ist, dass man ganz bewusst nach Orientierung in der Wirklichkeit strebt. Vor diesem Hintergrund sollten Unterrichtende ihre Tätigkeit als eine dialektische begreifen: <u>Einerseits</u> sollten sie innerhalb ihres Kollegiums darum ringen, dass ihr pädagogisches Bemühen um ihre Schülerschaft sowohl hinsichtlich der Anwendung von hermeneutischen Methoden als auch im Blick auf die inhaltliche Zielrichtung ihres Unterrichts möglichst einheitlich geschieht. Dazu sollte es ihnen insbesondere wichtig sein, darauf zu achten, dass die einzelnen von ihnen selbst verantworteten Unterrichtsstunden oder -fächer im Kontext des übrigen Schulunterrichts kongruent wirken und dass durch die vermittelten Lerninhalte und Methoden die Ausbildung praxistauglicher Welt- und Wirklichkeitsbilder bei der Schülerschaft gefördert wird. <u>Andererseits</u> sollten die Unterrichtenden bei allem Streben um didaktisch-methodische Einheitlichkeit und inhaltliche Zielgerichtetheit innerhalb der Lehrerschaft dafür Sorge tragen, dass ihre Schüler weder einem weltanschaulichen noch einem methodischen Dogmatismus verfallen. Dies wäre beispielsweise dadurch zu erreichen, dass die Schüler an die wechselvolle Geschichte der Wissenschaft erinnert werden, die zeigt, dass sich das Verständnis von dem, was man als ‚Wissenschaft' bezeichnet, im Laufe der Jahrhunderte immer wieder stark gewandelt hat, was kaum anders als eine Mahnung verstanden werden kann, auch unsere heutigen wissenschaftlichen Methoden und unsere Sicht auf das, was wir als die ‚Wirklichkeit' auszumachen meinen, als relativ zu betrachten. Letztlich gründet in diesem Relativismus auch die Freiheit der Schüler, sich für oder gegen ein bestimmtes Welt- und Wirklichkeitsverständnis zu entscheiden.

Die Hinweise auf den relativen Wahrheitsgehalt unserer in der Schule vorgenommenen Interpretationen der ‚Wirklichkeit' und auf die Relativität jeglicher wissenschaftlicher Methodik stehen m. E. nicht im Widerspruch zu den Postulaten einer methodischen Einheitlichkeit an einer Schule und einer Ausrichtung des gesamten an einer Schule stattfindenden Unterrichtsgeschehens auf bestimmte inhaltliche Zielsetzungen hin. Denn diese beiden Postulate sind in pädagogischer Hinsicht unbedingt sinnvoll, da ein uneinheitliches methodisches Vorgehen und eine fehlende inhaltliche Bestimmung nichts anderes als Unsicherheit und Verwirrung innerhalb der Schülerschaft hervorruft und dadurch letztlich Lernprozesse behindert. Auch der Hinweis auf den methodischen und inhaltlichen Relativismus ist unter allen Umständen geboten; denn es gibt – wie an anderer Stelle bereits ausgeführt – keine Methoden, die einen absoluten Anspruch darauf erheben könnten, dass ihre Anwendung dazu verhilft, die Wirklichkeit so zu beschreiben, wie sie tatsächlich ist. Auch dies muss den Schülern immer wieder aufs Neue deutlich gemacht werden und sollte das dialektische Verständnis der Tätigkeit der Unterrichtenden kennzeichnen.

Das Bewusstsein der einzelnen Lehrkräfte, mit dem diese ihren Unterricht gestalten, sowie ihr dabei zutage tretendes Verantwortungsgefühl gegenüber ihren Schülern ist im Blick auf deren geistige Weiterentwicklung kaum zu überschätzen. Aber beides allein nützt wenig, wenn den Schülern nicht bewusst ist, dass sie durch ihre Teilnahme am schulischen Unterricht zugleich auch an einem Prozess teilhaben, in dessen Verlauf sie sich nicht nur bestimmte Kenntnisse und Methoden aneignen, sondern der als solcher eine ganz praktische Zielrichtung aufweist, nämlich mithilfe der zuvor erworbenen Wahrnehmungs- und Orientierungsfähigkeiten das eigene Leben sinnvoll zu gestalten und so ein gutes Leben zu führen, (- was übrigens ganz dem Denken des Aristoteles entspricht!). Doch bevor über die Gestaltung des Lebens nachgedacht werden kann, was in einem späteren Kapitel geschehen soll, muss noch einmal die Frage nach der Aneignung von Wissen in der konkreten unterrichtlichen Situation thematisiert werden, da diese ja die Voraussetzung für eine gute Lebensführung darstellt. Vor

allem stellt sich die Frage nach der konkreten unterrichtlichen Anwendung der Prinzipien der aristotelischen Logik. Hierzu ein Beispiel:
In einer Unterrichtsstunde wurde ein komplexes Thema verhandelt. Die Schüler haben sich umfangreiche Notizen gemacht. Nun werden die Schüler dazu aufgefordert, die wesentlichen Lernergebnisse des Unterrichts zusammenzufassen und nach selbst gewählten Kriterien zu kategorisieren. Indem sie Gemeinsamkeiten und Unterschiede zwischen den jeweiligen Lerninhalten feststellen, schulen sie ihr Differenzierungsvermögen, wobei dieses freilich von ihren persönlichen Fähigkeiten und von dem Grad ihrer intellektuellen Reife abhängig ist. In einem nächsten Schritt sollen die Schüler dann – ausgehend von der Erkenntnis, dass sich Lerninhalte differenziert darstellen und somit auch kategorisieren lassen – den Versuch unternehmen, allgemeine Lernergebnisse und -erkenntnisse zu formulieren, deren Richtigkeit in hohem Maße als wahrscheinlich gelten kann. Mit dem Erreichen dieser Abstraktionsstufe ist es den Schülern möglich, sich auf dem Wege der Deduktion und der Induktion Welt- und Wirklichkeitsfelder zu erschließen, die für sie bisher gar nicht in einem inhaltlichen Zusammenhang mit dem aktuellen Unterrichtsfach standen.

Die grundlegenden Prinzipien der aristotelischen Logik, insbesondere die Methoden der Deduktion und der Induktion sind von Schülern aller Schulstufen und unabhängig von ihrer intellektuellen Leistungsfähigkeit anwendbar, wenn die Schüler darin von ihren Lehrern unterwiesen und geschult wurden. Gerade Schüler, die eher als lernschwach einzustufen sind, profitieren von ihnen, da die aristotelische Logik mit ihren Prinzipien geradezu dazu einlädt, bei der Erschließung und Erklärung von Phänomenen der Wirklichkeit mechanisch immer wieder in der gleichen Weise zu verfahren, ohne dass die Schüler irgendwelche Ausnahmen als ‚Untiefen' befürchten müssen, bei denen sie nicht wissen, wie sie mit ihnen verfahren sollen. Allerdings ist es im Blick auf die Arbeit mit lernschwachen Schülern auch sehr wichtig, dass sich die Unterrichtenden bei der Erschließung von Lerninhalten besonders streng an die Einhaltung der Stufenfolge der Prinzipien der aristotelischen Logik halten und dass das Abstraktionsniveau der einzelnen logischen Stufen dem intellektuellen Niveau der Schüler entspricht. Sinnvoll ist es zu Beginn eines Lernprozesses immer, den Schülern zuerst möglichst kleine Lerninhalte (Aristoteles: „Begriffe") zur Verfügung zu stellen, die sie als richtig und gesichert annehmen können. Ausgehend von jenen kleinen Lerninhalten können sich die Schüler dann Schritt für Schritt in Anwendung der nächsten logischen Stufe und in einem ihnen angemessenen Lerntempo weitere Lerninhalte erschließen, bis sie schließlich zu einem Gesamtverständnis einer Unterrichtsthematik gelangen.

Wolfgang Steinig, Professor für Germanistik an der Universität Siegen, bestätigt die Richtigkeit der hier vertretenen Lerntheorie in der Auseinandersetzung mit Jürgen Reichens Ansatz „Lesen durch Schreiben". J. Reichen behauptet, dass Lehrer und Eltern auf keinen Fall korrigierend eingreifen sollten, wenn Grundschulkinder bei ihren ersten Schreibversuchen Rechtschreibfehler machten. Die Verbesserungen der Erwachsenen wirkten sich hemmend auf die Bestrebungen der Kinder aus, eigenständig Texte zu verfassen. Deswegen sollten Eltern und Pädagogen Kinder zum freien Schreiben ermutigen, auch wenn deren Texte Rechtschreibfehler aufwiesen. Eine fehlerfreie Orthografie würden sich Schüler ohnehin erst im Laufe der Zeit aneignen und sie stehe in direktem Zusammenhang mit der Fähigkeit zum richtigen Hören. Das bedeute im Umkehrschluss: Orthografische Fehler kämen allein dadurch zustande, dass Wörter entweder falsch ausgesprochen oder aber nicht richtig gehört würden. Reichens Empfehlung lautet deswegen, dass man das Hören und Sprechen trainieren sollte, um zu einer einwandfreien Orthografie zu gelangen. Rechtschreibfehler sollte man frühestens am Ende der Grundschulzeit, wenn das dann überhaupt noch nötig sei, monieren.

W. Steinig widerspricht J. Reichen: „Man vergisst […] dabei, dass das Schreiben eine Technik ist, die nicht im evolutionären Programm des Menschen angelegt ist. Die Rechtschreibung müssen Kinder lernen, und am besten lernen sie sie, wenn eine Lehrerin sie ihnen erklärt und sinnvoll mit ihnen übt"[40]. Nach Steinig ist es für eine erfolgrei-

---

40 W. Steinig: Art. „Dort Gips keine Fögel". Nur mit Glück und Elternhilfe lernen Schüler heute richtig schreiben – ein Bildungsnotstand, in: Der Spiegel 35/2013, S. 122.

che Aneignung orthografischer Kenntnisse unbedingt notwendig, dass Lehrer ihren Schülern zunächst einmal die Regeln der Rechtschreibung verständlich machen und diese anschließend mit Hilfe von Schreibübungen veranschaulichen und einüben. Auf diese Weise könnten auch die schwächeren Schüler eine respektable Rechtschreibfähigkeit erwerben. Dies sei aber nicht zu erreichen, wenn Lehrer ihre Schüler quasi sich selbst überließen und darauf hofften, dass diese allein durch Hör- und Sprechübung zu guten Rechtschreibleistungen kämen. Deswegen plädiert er „dafür, dass wir unseren Kindern mehr zutrauen. Auch den schwächeren Kindern! Ein Unterricht, der den Schülern Einsicht in die Prinzipien und Regularitäten der Rechtschreibung vermittelt, ist erfolgreicher als ein Unterricht, der die Schüler mit Schreibungen nach Gehör experimentieren lässt"[41].

Betrachtet man die Argumentation Steinigs genauer, so kann man feststellen, dass er in der Auseinandersetzung mit Reichen von der gleichen Denkvoraussetzung ausgeht, die schon Aristoteles als hermeneutischen Ausgangspunkt für die Entfaltung seiner Philosophie gewählt hatte: Alle Dinge sind in der Logik begründet; deswegen ist für eine sachgerechte Erfassung der Wirklichkeit ein Unterricht in der Logik notwendig. Die ‚Wirklichkeit' ist in Steinigs Fall die deutsche Sprache, die Kindern im Deutschunterricht beigebracht werden soll. Um diese ‚Wirklichkeit' den Schülern zu erschließen, ist es s. E. notwendig, zuvor die logischen Prinzipien aufzuzeigen, die dieser zugrunde liegen. Nur auf diesem Wege könnten sie die deutsche Sprache orthografisch korrekt lernen und anwenden.

Ebenso wie für die aristotelische Logik als Methode der Wirklichkeitserfassung scheint auch einiges für die Argumentation Steinigs und gegen die Reichens zu sprechen. Insbesondere spricht für Steinigs Ansatz, dass die Schüler bei der Aneignung einer korrekten Orthografie nicht allein gelassen werden, sondern mit methodischen Hilfen in Gestalt von orthografischen Regularien und Prinzipen ausgestattet werden. Diese können zwar – ebenso wenig wie die aristotelischen Prinzipien zur Wirklichkeitserfassung – keinen absoluten Gültigkeitsanspruch erheben, da es in der Orthografie sehr wohl auch etliche

---

41 A. a. O., S. 123.

Ausnahmen von den Regeln gibt, die die Schüler zu beachten und zu lernen haben. Dennoch sind Regularien und Prinzipen für das Erlernen der Orthographie nicht nur überaus hilfreich, sondern sogar absolut unverzichtbar. Das wird deutlich, wenn man wie Reichen auf ihre Bereitstellung verzichtet. Dann nämlich sind die Lernerfolge und Erkenntnisgewinne, die sich im Blick auf die Orthografie vielleicht hier und da einstellen, nichts anderes als Produkte reinen Zufalls, und der sich um die Orthografie seines Nachwuchses sorgende Erwachsene wird sich leidenschaftlich freuen, wenn es diesem einmal – völlig unerwartet – gelingt, ein schwieriges Wort richtig zu schreiben. So erging es zumindest meiner Frau und mir, nachdem unser Kind seine gesamte Grundschulzeit hindurch im Fach Deutsch nach den pädagogischen Vorstellungen Reichens beschult wurde – und schließlich in Orthografie versagte. Hätten wir nur mehr auf die Warnungen unserer Eltern gehört und unserem Kind frühzeitig die Regeln der Orthografie aufgezeigt, so hätten wir ihm und uns viel Leid und zusätzliche Mühe aufgrund von schlechten Deutscharbeiten und nachträglicher Aneignung dieser Regeln erspart. Hilfreich wäre für uns in unserer damaligen Situation möglicherweise auch die Lektüre des Aristoteles und eine Beschäftigung mit seiner Logik gewesen. Zum Glück hat die aristotelische Logik mit ihren Prinzipien und ihrer Methodik in etlichen Schulbüchern Einzug gehalten und wodurch die Erkenntnis auch in das Bewusstsein zukünftiger Generationen weitertradiert wird, dass für das Lernen und Erkennen logische Prinzipien notwendig sind, an die man sich halten sollte, um gedankliche Fortschritte erzielen zu können.

Beispiele für die unterrichtliche Umsetzung der aristotelischen Logik:

a) im Lateinunterricht für Anfänger
(vgl. hierzu: F. Maier: Latein ganz leicht. In 20 Lektionen zum Latinum. Übungsbuch, 3. Aufl., Ismaning 2011, Lektion 1. Inhaltlich werden in dieser Lektion grundlegende Kenntnisse zum Verb, zum Substantiv, zum Adjektiv und zum Satzbau in der lateini-

3 Der Montagnachmittag

schen Sprache thematisiert. Die Lektion endet mit kurzen Übersetzungstexten):
– Im Blick auf die Bedeutung der Verben im Lateinischen ist es wichtig, das Folgende zu wissen: In der lateinischen Sprache bestehen Verben aus einem Bedeutungsteil, der für die Handlung steht, die durch das Verb ausgedrückt werden soll, und aus einem Signalteil, der über die Zeit und über das Subjekt Auskunft gibt, von dem eine Handlung zu einer bestimmten Zeit durchgeführt wird.
– Verben sind für die Satzbildung im Lateinischen elementar. Je nach Stellung innerhalb des Satzes können Verben die Bedeutung eines Satzes in ganz unterschiedlicher Weise verändern. Es gibt zwar neben dem Verb auch andere Bauteile eines Satzes wie Subjekte, Objekte und Attribute, doch nur mit Verben können Handlungen beschrieben werden. Da Verben für die lateinische Sprache so grundlegend sind, nehmen sie den Status ein, den in der aristotelischen Logik der **Begriff** innehat.
– Um die Verortung von Verben innerhalb von Sätzen sowie den gemeinsamen Status mit anderen Bauteilen eines Satzes zu kennzeichnen, könnte man statt des Begriffs ‚Verb' auch den wesentlich allgemeineren Begriff ‚Satzbestandteil' verwenden. Aristotelisch gesprochen, ist die Verwendung des Oberbegriffs ‚Satzbestandteil' eine Kategorisierung des Begriffes ‚Verb', da dem Oberbegriff ‚Satzbestandteil' aufgrund seinem gegenüber dem Begriff ‚Verb' höheren Grad an Allgemeinheit die Qualität einer **Kategorie** zukommt. Doch welchen Nutzen haben die Schüler davon, wenn sie durch die Kategorisierung des Begriffs ‚Verb' zu dem Oberbegriff ‚Satzbestandteil' gelangt sind? <u>Erstens</u> erwächst ihnen hierdurch die Möglichkeit, eine über das bisherige Verständnis des Begriffs ‚Verb' hinausgehende Bedeutung dieses Begriffs kennenzulernen, insbesondere eine solche, die die Funktion des Verbs betrifft; <u>zweitens</u> werden die Schüler durch die von ihnen vorgenommene Kategorisierung unausweichlich mit der Frage nach dem Wesen und der Funktion der übrigen Satzbestandteile konfrontiert;

es erschließt sich ihnen also ein neues Aufgabenfeld, dem sie sich zuwenden sollten, da sie die lateinische Sprache insgesamt lernen wollen und nicht nur etwas zum Themenbereich ‚Verben im Lateinischen'.

Trotz des Nutzens der Kategorisierung des Begriffs des ‚Verbs' sollten sich Schüler im Fach Latein zunächst aber ausführlich mit dem speziellen Thema ‚Verben in der lateinischen Sprache' beschäftigen, bevor sie sich den allgemeineren Themen ‚Satzlehre' und ‚Satzbestandteile' zuwenden; denn bereits Aristoteles hatte die Überzeugung, dass man ausgehend von gefestigten Einzelerkenntnissen zu allgemeinen Aussagen gelangt, aber niemals umgekehrt.

– Eine Behandlung der Unterrichtsthemen ‚Satzlehre' und ‚Satzbestandteile' setzt ein Wissen darüber voraus, dass Sätze neben Verben zumeist auch noch aus anderen Satzgliedern gebildet werden. Es ist deswegen sinnvoll, zunächst die einzelnen Satzglieder samt ihrer Funktion kennenzulernen, ehe in einem nächsten Schritt überlegt wird, in welcher sinnvollen und notwendigen Beziehung diese zueinander stehen. In die aristotelische Terminologie übersetzt, heißt das: Man sollte sich von dem allgemeinen Oberbegriff bzw. von der Kategorie ‚Satzbestandteil' wieder zurückwenden zu den einzelnen Begriffen wie z. B. zum Adjektiv, Adverb, Pronomen u. a. und diese jeweils zum Gegenstand der Betrachtung machen.

Wenn Philologen aufgrund linguistischer Regeln und Prinzipien von der Notwendigkeit der Zuordnung bestimmter Satzglieder sprechen, um sinnvolle Sätze in der lateinischen Sprache bilden zu können, bezeichnet Aristoteles solche Verfahren, bei denen Begriffe notwendig miteinander verbunden werden, als **Urteile**, die in zutreffender Weise Seinsverhältnisse beschreiben. Mit anderen Worten: Die lateinische Sprache folgt logisch nachvollziehbaren Regeln, die man sich aneignen muss, wenn man den ersten wichtigen Schritt in Richtung der Beherrschung dieser Sprache gehen will. Dieser Hinweis mag gerade solchen Schülern, die eher mathematisch als sprachlich begabt sind und deswegen leichter einen Zugang zur logischen Verfahrensweise haben, eine Ermutigung beim Erlernen der lateinischen Sprache sein.

Die logische Struktur des Lateinischen lässt es zu, auch **induktiv** von einzelnen lateinischen Sätzen auszugehen und aufgrund der dort feststellbaren Ähnlichkeit im Satzbau bestimmte Gesetzmäßigkeiten als wahrscheinlich anzunehmen (Aristoteles würde sagen, dass man **Beweise** und **Schlüsse** zieht!). Dieses Vorgehen setzt freilich schon eine gewisse Sicherheit in der Beherrschung der lateinischen Sprache voraus – aristotelisch gesprochen insbesondere gute Kenntnisse der grundlegenden **Begriffe** des Lateinischen (also die Wesensart der einzelnen Satzglieder) sowie die Fähigkeit, für die Begriffe die passenden **Kategorien** zu finden (also mit den Satzgliedern zu arbeiten und sie linguistisch in der richtigen Weise miteinander zu sinnvollen Sätzen zu verknüpfen).

b) im Religionsunterricht der 12. Klasse (Gymnasium) mit dem Unterrichtsthema „Biblisch-christliche Anthropologie"
   (vgl. hierzu: W. Trutwin: Mensch. Arbeitsbuch Anthropologie, Religionsunterricht Sekundarstufe II, [Neues Forum Religion], Düsseldorf 2009)
   – Die zentrale Frage lautet: Was ist ein Mensch? Dazu müssen die folgenden Fragen geklärt werden: Welche spezifischen Merkmale weist der Mensch auf? Was sagen die wichtigsten philosophischen Schulen über ihn? Wie beschreiben ihn die gängigen Wissenschaften (Biologie, Chemie, Politik u. a.)?
   Der erste hier vollzogene Schritt zur Entfaltung des Themas dient dazu, einen **Begriff** vom Menschen zu entwickeln.
   – Damit ist der Weg frei, den Menschen allgemeiner zu beschreiben und allgemeingültige Aussagen über ihn zu treffen, durch die letztlich eine noch präzisere Beschreibung des Begriffs ‚Mensch' ermöglicht wird. Um eine Verallgemeinerung des Begriffs ‚Mensch' zu erreichen, ist es jedoch notwendig, sich auf die Suche nach geeigneten **Oberbegriffen** bzw. **Katego-**

rien zu begeben, denen sich der Begriff ‚Mensch' zuordnen lässt. Solche Kategorien könnten z. B. ‚Seiendes', ‚Lebewesen' oder auch ‚Geschöpf' sein.
- Denkbar wäre es nun auch, den Begriff ‚Mensch' mit anderen Begriffen, vorzugsweise mit solchen, die derselben Kategorie angehören, zu vergleichen. So bietet sich beispielsweise ein Vergleich der Begriffe ‚Mensch' und ‚Tier' an, da beide Begriffe der Kategorie ‚Lebewesen' zugehörig sind. Ein solcher Vergleich fördert die Erkenntnis zutage, dass es zwischen den beiden Begriffen zahlreiche Gemeinsamkeiten gibt (wie den unbedingten Lebenswillen, die Fähigkeit zur Empfindung von Schmerzen, die Anlage zur Fortpflanzung u. a.), aber auch einige erhebliche Unterschiede (wie die Fähigkeit bzw. die eingeschränkte Fähigkeit zur Planung von Handlungen, das Vorhandensein bzw. das Nichtvorhandensein von Ichbewusstsein u. a). Würde man nun im aristotelischen Sinne eine logische Verbindung zwischen den beiden Begriffen ‚Mensch' und ‚Tier' herstellen, so könnte man aus dieser Verbindung nicht nur den **logischen Schluss** ziehen, dass Lebewesen generell über einen unbedingten Lebenswillen, die Fähigkeit zur Schmerzempfindung, die Fähigkeit zur Fortpflanzung u. a. verfügen, sondern dass sie aufgrund ihrer Eigenschaften in ethischer Hinsicht auch anders zu behandeln sind als Gegenstände, die nicht lebendig sind.
- Die Zugehörigkeit des Menschen zur Kategorie ‚Schöpfung' sowie der Vergleich des Begriffs ‚Mensch' mit anderen Begriffen, die ebenfalls der Kategorie ‚Schöpfung' zuzuordnen sind, lassen überdies den Schluss zu, dass der Mensch in einer besonderen Beziehung zu Gott steht. Ein **Beweis** dafür sind zudem seine (zuvor in der Beschreibung des Begriffs ‚Mensch' dargelegten) kognitiven Fähigkeiten sowie seine göttliche Beauftragung, als Verwalter der göttlichen Schöpfung verantwortlich an dieser handeln zu sollen.
- Aus den Einzelerkenntnissen, die dem Begriff ‚Mensch' zugrunde liegen, nämlich a) *„Als Geschöpf Gottes steht der*

Mensch in einer unauslöschlichen Verbindung zu Gott." und b) „Der Mensch ist für sein Tun voll verantwortlich." lässt sich auf dem Wege der **Induktion** schließen, dass der Mensch für sein Tun und Lassen Gott gegenüber verantwortlich ist.

Der unzweifelhafte Nutzen der aristotelischen Logik für die Pädagogik besteht darin, sowohl den Lernenden und als auch den Lehrenden durch die Bereitstellung von Begriffen, Oberbegriffen und Kategorien sowie durch die Anwendung logischer Schlüsse und Beweise Sicherheit und Orientierung bei der Vermittlung und Aneignung von Lerninhalten zu bieten. Unter allen Instrumentarien der aristotelischen Logik nehmen die ‚Begriffe' eine herausragende Bedeutung ein, da allein sie die Voraussetzung dafür darstellen, dass Denken und Erkennen überhaupt möglich ist. Aus diesem Grund sollte die Fähigkeit zur Arbeit mit Begriffen auch innerhalb der Pädagogik als eine herausragende Basiskompetenz betrachtet werden, die es zu perfektionieren gilt, weil sie zeitlebens eine entscheidende Schlüsselqualifikation darstellt. Die immense Wichtigkeit der Begriffe kann man sich mit dem folgenden Bild verdeutlichen, das die aristotelische Logik sowie die Fähigkeit zur Bildung von Begriffen mit einer Orientierungshilfe in einer Bibliothek vergleicht:

Jemand, der noch nie eine Bibliothek von innen gesehen, geschweige denn ihre Dienste in Anspruch genommen hat, wird Mühe haben, sich in ihr zu orientieren. Denn man muss die Ordnungen kennen, nach denen Bücher innerhalb einer Bibliothek sortiert sind, sonst wird man möglicherweise niemals ein bestimmtes Buch finden, selbst wenn es dort vielleicht sogar mehrfach vorhanden ist. Genauso wie Bücher in einer Bibliothek bestimmten Fachbereichen oder Fachrichtungen zugeordnet und dort wiederum sachlich-thematisch oder auch nach Autoren geordnet sind, so gilt Vergleichbares für die Zuordnung von Begriffen zu bestimmten Kategorien: Einzelne Begriffe werden allgemeineren Oberbegriffen zugeordnet, und ausgehend von Oberbegriffen kann man wieder zurück auf die einzelnen Begriffe schließen. Die Kenntnis dieses logischen, durchaus auch als aristotelisch zu bezeichnenden Zuordnungs- bzw. Schlussverfahrens kann einem bei der Suche nach einem bestimmten Buch in einer Bibliothek eine hervorragende Hilfe sein. Denn wenn man in einer Bibliothek nach einer bestimmten Literatur sucht, kann man aufgrund des logischen Aufbaus der Bibliothek **induktiv**, nämlich von dem Standort dieser Literatur in einer Bibliothek auf die dazugehörende Fachabteilung der Bibliothek schließen. Genauso ist es möglich, **deduktiv**, nämlich ausgehend von einer Fachabteilung einer Bibliothek, darauf zu schließen, dass dort ein bestimmtes Buch zu finden ist.

Nicht nur Bibliotheken sind i. d. R. logisch aufgebaut, auch Zeitungen, Baumärkte, Autos und Computerprogramme sind es; und auch unsere empirische Wirklichkeit lässt sich zu einem nicht unerheblichen Teil mit den Mitteln der Logik erklären. Deswegen macht es Sinn, sich mit dem Thema ‚Logik' zu beschäftigen und seine Anwendung zu lehren, insbesondere an den öffentlichen Schulen, die jungen Menschen dabei helfen sollen, sich die Welt zu erschließen. Damit kommen wir zum Schluss unserer Ausführung über den Nutzen der aristotelischen Logik für die Pädagogik:

Darauf, dass Begriffe und Oberbegriffe sowohl im Blick auf ihre Form als auch auf ihre inhaltliche Bestimmung immer wieder aufgebrochen und verändert werden dürfen, wenn sich der Blick auf sie verändert hat, wurde bereits hingewiesen. Auch hier bietet sich der Vergleich mit den Ordnungssystemen an, nach denen Bücher in einer Bibliothek angeordnet sind: Ihre einmal festgelegten Ordnungseinrichtungen müssen nicht für alle Zeiten so bleiben wie sie aktuell sind, sondern können durchaus und ohne weiteres durch neue und angemessene ersetzt werden, wenn dies vernünftig erscheint, weil etwa Bücher neuer Fachbereiche und -richtungen in eine Bibliothek aufgenommen werden. Dass die aristotelische Logik lediglich Anregungen für die pädagogische Arbeit bietet und nicht schematisch – und somit unkritisch – von der Pädagogik übernommen werden sollte, soll auch am Ende dieser Ausführungen noch einmal dezidiert herausgestellt werden. Denn pädagogische Arbeit findet immer an lebendigen Menschen und in jeweils ganz unterschiedlichen und individuellen Situationen mit jeweils verschiedenen Erkenntnisvoraussetzungen statt, was ganz selbstverständlich auch Auswirkungen auf die Gestaltungen von Ordnungssystem und ihren Gebrauch hat. Dies war auch Aristoteles bewusst.

4 Der Dienstagnachmittag: Die Natur ist unser erster Lernort. Um die Natur entdecken zu können, müssen wir unsere Fenster und Türen öffnen.

Aristoteles hat sehr viele naturwissenschaftliche Studien verfasst. Diesen gehen umfangreiche Überlegungen voraus, die aus heutiger Sicht jedoch eher der theoretischen als der praktischen Physik zuzurechnen sind.[42] So führt er zunächst physikalische Grundbegriffe ein und stellt philosophische Überlegungen zur Welt als ganzer an, ehe er damit beginnt, naturwissenschaftliche Einzeluntersuchungen vorzunehmen. Sein Ziel ist es dabei stets, innerhalb der belebten und unbelebten Natur Prinzipien und Gesetzmäßigkeiten zu entdecken, mit deren Hilfe sich die in der Natur zu beobachtenden Abläufe erklären lassen.

Der Ausgangspunkt seiner Naturerkundigungen ist jeweils der einzelne Gegenstand, der zunächst für sich betrachtet und erforscht wird, ehe dieser dann in seinem Zusammenhang untersucht wird. Nur gemäß dieser Vorgehensweise der Betrachtung des Einzelnen (a), der Darstellung von dessen Einbindung in die Vielheit (b) und schließlich der Untersuchung der Vielheit ist es nach Auffassung des Aristoteles (c) möglich, hinter der äußeren, aus Stoff (ὕλη) und Form (μορφή) bestehenden Gestalt des einzelnen Gegenstandes der Natur auch dessen Wesen (εἶδος) zu erkennen.

---

42 Vgl. H. J. Störig: Kleine Weltgeschichte der Philosophie, 1999, S. 201.

Zu den elementarsten Überzeugungen des Aristoteles, zu denen er durch die Beobachtung regelmäßig auftretender Erscheinungen in der Natur gelangte, zählt die von der Zweckmäßigkeit der Welt. Aristoteles war der Meinung, dass es in der Natur keine Zufälle gäbe. Vielmehr sei in der gesamten natürlichen Welt eine zweckmäßige Ordnung, eine Zielgerichtetheit (Teleologie, τέλος = Ziel) vorhanden. Unterschieden werden müsse jedoch zwischen der belebten und der unbelebten Natur. Die belebte Natur zeichne sich gegenüber der unbelebten Natur durch ihre Fähigkeit zur Bewegung aus, was zwei ganz grundlegende Fragen aufwerfe: die nach dem Verhältnis von Bewegtem und Beweger und die nach dem ersten Beweger.

Für Aristoteles ist das Bewegte der Leib, den er auch Stoff (ὕλη) nennt, während das Bewegende die Seele bzw. die Form (μορφή) ist, der er den Namen Entelechie (ἐντελέχεια) gibt, weil das Bewegende in sich bereits sein eigenes Ziel trägt (ἐντελέχεια: ἐν = in, τέλος = Ziel, ἔχειν = haben). Alle Gegenstände der Natur sind ständig in Bewegung und somit Veränderungen ausgesetzt. Kein natürlicher Stoff kann ohne Form sein und umgekehrt gibt es keine Form ohne einen Stoff. Jedoch kann ein Stoff eine andere Form annehmen, was die in der Natur zu beobachtenden Phänomene der Veränderung und der Bewegung erklärbar macht. Eine Ausnahme von der Verpflichtung des Stoffes, eine Form anzunehmen, stellt der unbewegliche Beweger dar, der der göttliche Urgrund alles Seienden ist. Für Aristoteles ist der natürliche Stoff das eigentlich Seiende.

In der belebten Natur kann man nach Auffassung des Aristoteles beobachten, dass die Seelenkräfte der Lebewesen unterschiedlich stark ausgebildet sind. Je stärker die Seelenkräfte, über die ein Lebewesen verfügt, umso reichlicher sind seine Fähigkeiten, in irgendeiner Form tätig zu werden. Am umfangreichsten sind die Seelenkräfte beim Menschen ausgebildet, der nicht nur die Fähigkeit besitzt, sich zu ernähren und fortzupflanzen (wie die Pflanzen) oder seine Sinne zu gebrauchen und seinen Standort zu verändern (wie die Tiere), sondern der Mensch kann darüber hinaus auch seinen Verstand gebrauchen und denken, wodurch es ihm möglich ist, die der Natur zugrundeliegenden Prinzipien zu erkennen. Darüber hinaus ist der Mensch dazu in der Lage, mittels seiner Vernunft (νοῦς), die unsterblich ist, und durch Kontemplation, sich Gott anzunähern.

Obwohl sich das heutige Weltbild aufgrund der zahlreichen Entdeckungen und Theorien der modernen Physik deutlich von dem des Aristoteles unterscheidet und obwohl die Vorstellung, dass es so etwas wie eine den Dingen der natürlichen Welt innewohnende Entelechie gibt, nur von einer äußerst kleinen Minderheit von Wissenschaftlern geteilt wird, sind die Zugangsweise, die Aristoteles für seine Naturbeobachtungen wählte, sowie deren gedankliche Voraussetzungen keineswegs von der Moderne vergessen worden. Ganz der aristotelischen Denkweise folgend, teilt man auch heute noch die Physik in eine theoretische und eine praktische ein. Während die Aufgabe der praktischen Physik in der empirischen Erforschung der Welt besteht[43], konstruiert die theoretische Physik darüber hinaus Denkmodelle, die das Wesen und nach Möglichkeit auch die Sinnhaftigkeit der Natur erklären sollen[44]. Damit weist die moderne Physik deutlich über sich selbst hinaus in andere Wissenschaftsbereiche wie in die Philosophie und die Theologie.[45]

Von einer derartig ausladenden gedanklichen Weite der Physik ist aber im Physikunterricht der meisten öffentlichen Schulen heutzutage nur wenig zu spüren. Das Fach Physik bleibt im Kanon der schulischen

---

43 Das deutsche Wort Physik kommt von dem griechischen Wort φυσική und bedeutet nach W. Gemoll „wissenschaftliche Erforschung der Naturerscheinungen", „Naturforschung" (vgl. W. Gemoll: Griechisch-deutsches Schul- und Handwörterbuch, 1965, S. 795).

44 Vgl. hierzu bes. M. Esfeld: Naturphilosophie als Metaphysik der Natur, 2008, S. 115ff, und R. Saage: Philosophische Anthropologie und der technisch aufgerüstete Mensch. Annäherungen an Strukturprobleme des biologischen Zeitalters, 2011.

45 Vgl. G. Jäckels: Naturalistische Anthropologie und moderne Physik. Die Grenzen reduktionistischer Menschen- und Weltbilder, 2011, sowie S. Bauberger: Was ist die Welt? Zur philosophischen Interpretation der Physik, 2005.

Unterrichtsfächer weitestgehend innerhalb der Schranken der eigenen Fachlichkeit und sucht kaum die Auseinandersetzungen mit anderen Fächern und die inhaltlichen Anregungen durch andere Fächer, was rein äußerlich daran sichtbar wird, dass es sowohl in den Schullehrbüchern noch in der schulischen Wirklichkeit kaum fächerübergreifende Unterrichtsprojekte gibt, die auf die Initiative des Physikunterrichts zurückgehen. Dieser Zustand führt zu dem bedauerlichen Phänomen, dass Schüler nicht selten einen deutlichen Widerspruch zwischen Inhalten des Physikunterrichts einerseits und denen des Philosophie- und Religionsunterrichts wahrzunehmen meinen, was zu einem nicht unerheblichen Teil das Ergebnis eines defizitären Schulunterrichts ist. Defizitär ist der Schulunterricht deswegen, weil in ihm versäumt wurde, deutlich zu machen, dass die Fächer Physik, Religion und Philosophie letztlich nichts anderes bieten als unterschiedliche Interpretationen der Wirklichkeit, die durch die Unterschiedlichkeit ihrer hermeneutischen Voraussetzungen bedingt sind.

Der inhaltliche Anstoß, den die Schule angesichts dieser Situation von Aristoteles erhalten kann, besteht darin, dass sie alle ihre Unterrichtsfächer mit ihren Fragestellungen und Anregungen nutzen sollte, um Schülern einen möglichst umfassenden Zugang zur empirischen Wirklichkeit zu verschaffen. Dabei sollte die Schule ihren Schülern immer wieder deutlich machen, dass sie verbindliche Antworten auf die Sinnfrage, die beinahe zwangsläufig durch die Feststellung naturwissenschaftlicher Gesetzmäßigkeiten aufgeworfen wird, ohnehin nicht zu geben vermag. Solche Antworten müssen – hoffentlich angeregt durch einen guten schulischen Unterricht – individuell von jedem einzelnen Schüler jeweils für sich selbst gefunden werden. Doch wäre es bei aller Individualität im Blick auf die Sinnfrage verkehrt, sie aus dem naturwissenschaftlichen Unterricht auszuklammern. Denn dies hieße, dem empirisch-phänomenologischen Bereich der praktischen Physik verhaftet zu bleiben und die Grundlagenfragen der theoretischen Physik gänzlich auszuklammern. In kulturanthropologischer Hinsicht wäre dies jedoch eine Katastrophe, da sich Menschen von Beginn ihrer Geschichte an noch nie damit zufrieden gaben, ihre empirische Wirklichkeit einfach so hinzunehmen, ohne dass sie sich die Mühe machten, deren Wesen kritisch zu hinterfragten und sie in allen nur denkbaren Richtungen zu interpretierten.

Auch unter pädagogischem Aspekt wäre ein Verzicht auf den Blickwinkel der theoretischen Physik problematisch, denn das hieße ja, die Schüler zwar zum Erforschen und Erkennen der empirischen Wirklichkeit zu ermutigen, ihnen aber dann bewusst Grenzen zu setzen, wenn es darum geht, die Ergebnisse ihrer Bemühungen sinnerfassend zu interpretieren. Dies kann deswegen nicht als richtig angesehen werden, weil es jeglichen pädagogischen Grundsätzen zuwider läuft, die das Erkennen zum Ausgangspunkt einer auf sinnvolles und sinnstiftendes Handeln abzielenden Pädagogik erhoben haben. Nach dieser besteht nämlich der Grund dafür, Schüler zum Erforschen und Entdecken der empirischen Wirklichkeit zu gewinnen, zuerst darin, die Wirklichkeit zu verstehen, und sie anschließend zu einem diesem Verstehen entsprechenden Handeln zu bewegen.

Möglicherweise mag das für manchen Leser nach aristotelischer Philosophie in Reinform klingen. Deswegen soll dies deutlich gesagt werden: Es geht hier nicht darum, dem aristotelischen Weltbild und insbesondere der aristotelischen Auffassung von einer zweckmäßigen Ordnung der Welt zu einer weiteren Renaissance verhelfen zu wollen. Die hier zugrundeliegende Absicht besteht vielmehr darin zu zeigen, dass der Ansatz des Aristoteles pädagogisch sehr anregend wirken und den Entdeckergeist von Schülern beflügeln kann, nämlich dergestalt, im Rahmen der naturwissenschaftlichen Erforschung der sichtbaren Wirklichkeit nicht nur dementsprechende Gesetzmäßigkeiten zu entdecken, sondern sich auf die Suche nach darüberhinausgehenden Ordnungsmodellen zu machen, die die sichtbare Wirklichkeit **als ganze** in den Fokus nehmen und dadurch sinnstiftend wirken. Ein naturwissenschaftlicher Unterricht, der über sich selbst hinausweist, weil ihm ein Bewusstsein der eigenen wissenschaftlichen Begrenztheit zugrunde liegt, und der aus diesem Bewusstsein heraus dazu anspornt, unter Einbeziehung anderer Wissenschaften die Ordnungen unserer

Welt und unseres In-der-Welt-Seins zu erklären, kann dazu beitragen, dass die einen solchen Unterricht erfahrenden Schüler ein Maß an persönlicher Identität mit ihrer empirischen Wirklichkeit ausbilden, das für sie in einem traditionell durchgeführten naturwissenschaftlichen Unterricht nicht zu erreichen wäre. Ihnen wird nämlich durch einen solchen naturwissenschaftlichen Unterricht nicht nur ihr In-der-Welt-Sein ganz unmittelbar bewusst, sondern unüberhörbar auch die Frage nach dessen Sinnhaftigkeit. Diese Chance, die Sinnhaftigkeit ihres eigenen In-der-Welt-Seins zu ergründen, sollte man Schülern nicht verwehren und die ‚Türen' des naturwissenschaftlichen Domizils öffnen, damit sie auch in anderen ‚Häusern' zu Gast sein können und sukzessiv ihr ganzes ‚Dorf' erkunden.

Doch nicht nur die ‚Türen', sondern auch die ‚Fenster' ihres Faches sollten die Naturwissenschaftler ihren Schülern öffnen, damit durch die hereinströmende, frische Luft bei den Schülern Gedanken dafür erwachen können, dass ihre Unterrichtsgegenstände nicht in der künstlichen Welt des Klassenraums, sondern außerhalb von ihm, in der **Natur** zu finden sind. Für Aristoteles begannen naturwissenschaftliche Forschungen immer direkt in der Natur und mit deren Beobachtung, weil er von der Gültigkeit seiner bereits in seiner Logik praktizierten Vorgehensweise überzeugt war. Dementsprechend widmete er sich zuerst einer ausführlichen und möglichst genauen Untersuchung von einzelnen Naturerscheinungen, die er nach ausführlicher Inaugenscheinnahme kategorisierte. Anschließend erforschte er das nähere und weitere Umfeld jener zuvor untersuchten Naturerscheinungen.

Von dieser methodischen und praxisnahen Vorgehensweise sind die Schüler der meisten öffentlichen Schulen heute zumeist weit entfernt. Im Unterschied zu den Schülern des Aristoteles erleben sie in dem für sie günstigsten Fall, dass ihre Lehrer den naturwissenschaftlichen Unterricht durch <u>gelegentliche</u> Ausflüge an die Orte bereichern, wo sie die Gegenstände ihres Unterrichts vorfinden. Und dies gilt dann bereits als schulisches Highlight. Aber als erster Ausgangspunkt dient die Natur nur in äußerst seltenen und dann besonders gefeierten Fällen. Die Konsequenzen sind heute für jedermann sichtbar:

Es findet sich hierzulande kaum ein Schüler, der nach einem mittleren Bildungsabschluss in der Lage wäre, wenigstens fünf einheimische Vogelarten samt ihrem Gesang richtig zu bestimmen oder die gleiche Zahl einheimischer Baumarten mit ihren Merkmalen zu nennen. Zu den gleichen erschreckenden Ergebnissen gelangt man, wenn man Oberstufenschüler am Ende ihrer Schulzeit nach der durchschnittlichen Dauer einer menschlichen Schwangerschaft in Wochen fragt oder wenn man sie bittet, die wichtigsten Merkmale zu nennen, die den Unterschied zwischen unbelebter und belebter Natur sowie zwischen Mensch, Tier und Pflanze nennen. Ganz verheerende Wissenslücken werden hier sichtbar und diese beziehen sich gar nicht einmal auf ein Spezialwissen, sondern auf ganz grundlegende Bereiche unserer allgemeinen Bildung. Diese Defizite in der Bildung verantworten nicht nur, dass ein Gutteil unseres kulturellen Wissens verlorengeht, über das frühere Schülergenerationen noch wie selbstverständlich verfügten, sondern sie verantworten auch den Verlust der Fähigkeit, sich innerhalb der empirschen Welt hinreichend zu orientieren, weil die elementarsten Kenntnisse über die wesentlichsten Zusammenhänge und Abläufe in der belebten und unbelebten Natur nicht mehr als bekannt vorausgesetzt werden können.

Die Hauptursache für diesen Zustand besteht – wie bereits erwähnt – darin, dass der naturwissenschaftliche Unterricht vorwiegend theoretisch erteilt wird und Unterrichtsgänge in die Natur häufig an den Unterricht angehängt werden, statt sie an den Anfang des Unterrichts zu stellen und ihnen insgesamt einen besonders hohen Stellenwert beim Entdecken der Natur einzuräumen. Eine Entfremdung zwischen dem Unterricht und seinen Gegenständen ist damit vorprogrammiert und führt innerhalb der Schülerschaft unweigerlich zu einem eher geringen Interesse an den Naturwissenschaften und – eine Bildungsetappe später – zu einer beklagenswert niedrigen Quote von Studienanfängern im Bereich der Naturwissenschaften. Aristoteles folgend und der eigenen pädagogischen Phantasie freien Lauf lassend, sollte der Weg des naturwissenschaftlichen Unterrichts ohne Umweg in die Natur führen. Hierfür sind beinahe alle Orte als naturwissenschaftliche Untersuchungslaboratorien geeignet. Man ist vielleicht geneigt, hierbei zuallererst an einen heimischen Wald und die nahegelegenen Gewässer und Biotope zu denken, um diese zusammen mit Grundschülern zu erkunden. Aber könnte es nicht auch die gynäkologische Station des nächstgelegenen städtischen Krankenhauses sein, wo menschliches Leben sichtbar seinen Anfang nimmt? Oder vielleicht ein in der Umgebung befindlicher Steinbruch, der als prähistorisches Zeugnis belebter wie unbelebter Natur gleichermaßen dient? Das jeweilige Unterrichtsfach und -thema wie auch das Alter und das Interesse der Schüler bestimmen, wohin die naturwissenschaftliche Entdeckungsreise zu gehen hat.

Allerdings reicht es nicht aus, einfach nur in die Natur zu gehen. Nur wer bewusst und mit Verstand die Natur wahrnimmt, tut dies auch mit Gewinn. An dieser Stelle sind die im Bereich der Naturwissenschaften unterrichtenden Lehrkräfte gefordert, ihre Schüler auf eine Begegnung mit der Natur vorzubereiten. Hierfür kann es sinnvoll sein, sich wieder von Aristoteles anregen zu lassen.

Die erste Anregung, die Aristoteles bietet, besteht darin, induktiv von der Betrachtung eines Einzelgegenstandes auszugehen. Es gibt auch wissenschaftliche Betrachtungsweisen, die bei der Vielheit ansetzen, und wieder andere, die jegliche Systematik ablehnen, weil sie der Überzeugung sind, dass die meisten naturwissenschaftlichen Entdeckungen ohnehin zufällig geschehen. Hinter allen wissenschaftlichen Methoden verbergen sich die Weltanschauungen ihrer Anwender. Deswegen ist es müßig, über die Richtigkeit der einzelnen wissenschaftlichen Methoden zu streiten, denn das hieße einen wenig erfolgversprechenden Streit über die Richtigkeit von Weltanschauungen zu führen. Allerdings spricht vieles für die induktive Methode des Aristoteles. Ein besonders gewichtiges Argument für seine Methode ist, dass sie von der modernen Wissenschaft übernommen wurde und dass sie ihr zu zahlreichen spektakulären Erfolgen verhalf. Aber auch in pädagogisch-psychologischer Hinsicht ist das induktive Vorgehen des Aristoteles bei der Entdeckung und Beurteilung von Naturgegenständen sinnvoll, da unser Denken so angelegt ist, dass es seinen Ausgangspunkt stets bei dem Einzelnen nimmt, auch wenn der als Einzelnes wahrgenommene Gegenstand nicht unbedingt dem aristotelischen Begriff des Einzelnen entspricht, sondern lediglich dem Betrachter zunächst als solcher erscheint. In jedem Fall weiten wir erst dann unseren Blick für die Inaugenscheinnahme der Vielheit der empirischen Wirklichkeit, nachdem wir das Einzelne in einer für uns hinreichenden Weise in Augenschein genommen haben.[46]

Hat man den einzelnen Naturgegenstand vor sich, so muss man ihn ganz genau betrachten: seine Farbe, Form, Beschaffenheit u. s. w. Zu erinnern ist in diesem Zusammenhang noch einmal an die zehn Kategorien, nach denen Aristoteles Gegenstände beschrieb: Substanz, Quantität, Qualität, Relation, Ort, Zeitpunkt, Lage, Haben, Wirken, Leiden. Über die Berechtigung der einzelnen aristotelischen Kategorien mag man streiten, was auch im Laufe der Jahrhunderte intensiv geschehen ist. Für unsere Absicht ist die genaue Anzahl der Kategorien jedoch ohne weiteren Belang, sondern allein das Grundanliegen des Aristoteles ist entscheidend. Und das besteht darin, Kriterien zu erstellen, nach denen man einen natürlichen Gegenstand möglichst zutreffend und wirklichkeitsgetreu beschreiben kann, um davon ausgehend die Vielheit der natürlichen Wirklichkeit zu betrachten. Darum muss es auch den Schülern in den naturwissenschaftlichen Unterrichtsfächern gehen. Und dazu müssen sie von ihren Lehrern angeleitet werden.

Eine zweite Anregung geht von den umfangreichen naturkundlichen Sammlungen aus, die Aristoteles angelegt hat. Derartige Sammlungen gibt es in öffentlichen Schulen entweder nur selten oder sie fristen dort ein äußerst stiefmütterliches Dasein. Dabei ist das Anlegen und Füh-

---

46 Vgl. W. Correll: Einführung in die pädagogische Psychologie, 1978, S. 273ff.

ren von Sammlungen pädagogisch überaus nützlich, wenn die Schüler sinnvoll in die dort anfallenden Arbeiten eingebunden und dabei von ihren Lehrkräften unterstützt werden. Denn dies kann die Schüler nicht nur in ihrem Eifer herausfordern, die angelegte Sammlung möglichst zu vervollständigen und auf diese Weise die ersten Schritte zu tun, selber naturwissenschaftlich tätig zu werden. Das systematische Anordnen einer größeren Vielzahl von einzelnen Objekten, das wohl die Hauptaufgabe bei dem Führen naturkundlicher Sammlungen darstellt, fördert darüber hinaus auch die Fähigkeit der Schüler zur genauen Betrachtung und zur Differenzierung. Die Frage nach Gemeinsamkeiten und Unterschieden, nach engen und weiteren familiären Verwandtschaften zwischen den einzelnen Naturgegenständen drängt sich geradezu auf, wenn diese systematisch angeordnet werden sollen. Und schließlich melden sich dabei auch Fragen, die nach dem Sinn und der Nützlichkeit dessen fragen, was Teil der belebten und unbelebten Natur ist.

Gerade in heutiger Zeit, in der ökologische Themenfelder so intensiv wie in keiner anderen Zeit vorher behandelt werden, ist eine Behandlung dieser Fragen unverzichtbar. Man denke etwa an die Bedeutung des Planktons für das ökologische System der Weltmeere. Eine isolierte Betrachtung dieser Organismen wäre schon deswegen verfehlt, wenn man bedenkt, dass ihr Verschwinden nicht nur zu einem Zusammenbruch des Ökosystems der Weltmeere führen würde, sondern dass dies auch Folgen für das Leben auf unserem ganzen Planeten hätte. Gleiches trifft auf die Bedeutung der Regenwälder Brasiliens und die Menge des CO_2-Ausstoßes der Industrieländer für das weltweite Klima zu. Das Erstellen von naturkundlichen Sammlungen kann den Schülern dabei helfen, nicht nur Zusammenhänge in der Natur zu erkennen, sondern auch den Sinn und den Zweck einzelner Naturgegenstände und ökologischer Systeme zu erkennen. Diese Erkenntnisse bilden die Voraussetzungen dafür, niveauvoll Positionen in der ökologischen Debatte zu beziehen und sich nicht aus ideologischen Gründen in der einen oder anderen Richtung zu positionieren. Und sie stellen nicht zuletzt auch die Beweggründe dafür dar, überhaupt sinnvoll zu handeln; denn jeglichem sinnvollen Handeln geht immer ein entsprechender Prozess des Erkennens voraus.

Auch wenn bei den hier angestellten Überlegungen in erster Linie an die Sammlungen gedacht wurde, die zum Fach Biologie gehören, trifft Vergleichbares auf die Sammlungen der Physik und der Chemie zu. Denn dort sind ebenfalls systematische und sachlich-logische Ordnungssysteme vorzufinden, mit denen Schüler unbedingt vertraut gemacht und zur Mitarbeit motiviert werden müssen. Ohne dass eine fachgerechte Unterweisung und Motivation geschieht, werden Schüler niemals ein Empfinden dafür entwickeln können, dass alle Gegenstände der natürlichen Welt in irgendeiner Weise miteinander zusammenhängen und dass es nähere und fernere Verwandtschaften zwischen den einzelnen Gegenständen der Wirklichkeit gibt, die ausfindig gemacht werden müssen, bevor man ihnen einen Platz in einem für sie geeigneten Ordnungssystem zuweisen kann.

Eine dritte Anregung durch Aristoteles nimmt der naturwissenschaftliche Unterricht auf, wenn er, dem Vorbild des Aristoteles folgend, die Gegenstände der Natur mit einer systematischen Nomenklatur belegt, die allerdings ebenso wie die zuvor erwähnten naturwissenschaftlichen Sammlungen sachlich-logisch begründet sein muss. Das Erlernen und Verstehen eines naturwissenschaftlichen Fachvokabulars ist nicht nur für die Verständigung unter Wissenschaftlern notwendig. Auch für Laien ist dies unverzichtbar, da es wertvolle Hilfen beim Erkennen von Zusammenhängen und Verwandtschaften innerhalb der Natur bietet. Wer zum Beispiel von einer *Turdus merula* spricht, kann wissen, dass dieser Vogel – nämlich die Amsel – zu der Familie der Drosseln (Turdidae) gehört. Oder wer die wissenschaftliche Bezeichnung *Lepidoptera* für Schmetterlinge kennt, kann daraus herleiten, wie ein Schmetterling aussieht: λεπίς (griech. Wort für ‚Schuppe') und πτερόν (griech. Wort für ‚Flügel'). Schüler mit guten altsprachlichen Kenntnissen tun sich beim Erlernen naturwissenschaftlicher Fachtermini erfahrungsgemäß leichter als solche ohne derartige Kenntnisse, da das naturwissenschaftliche Fachvokabular häufig auf lateinische oder griechische Ursprungsworte zurückgeht.

Dass ein Mensch natürliche Gegenstände mit einem Namen belegen kann, ist für ihn überaus wichtig. Denn dadurch ‚verfügt' er in gewisser Weise über sie, er wird ihrer – zumindest in sprachlicher Hinsicht – habhaft. Sie können sich nicht mehr in der indifferenten Masse der natürlichen Gegenstände ‚verstecken', sondern sind dem Menschen ‚vertraut', da er sie mit Namen kennt. Eindrücklich veranschaulicht dies die biblische Geschichte von Erschaffung des Menschen, in der der Mensch von Gott den Auftrag erhält, sich die Erde untertan zu machen (Gen. 1, 28). Das Untertanmachen der Schöpfung beginnt für den Menschen damit, dass er allen Tieren, die Gott zuvor geschaffen hat, Namen gibt.

Damit Schüler die belebte oder die unbelebte Natur beschreiben oder die Zusammenhänge in ihr erklären können, müssen sie die Namen der in der Natur vorkommenden Gegenstände kennen. Deren Kenntnis ist deswegen so wesentlich, weil sie der erste und entscheidende Schritt auf dem Weg zu einer weiteren Beschäftigung und naturwissenschaftlichen Untersuchung jenes Gegenstandes ist. Dies lässt sich auf folgende Weise ganz einfach erklären: Dadurch, dass einem einzelnen Gegenstand ein Name verliehen wird, wird er zu etwas Besonderem, dem aufgrund seiner Besonderheit eine spezielle Aufmerksamkeit zuteil wird, die er ohne den Status des Besonderen nicht haben könnte, weil er in der Masse unsichtbar verborgen wäre. Erst nachdem er ein namentlich zu benennendes Besonderes geworden ist, kann man ihn beschreiben, seine Gemeinsamkeiten und Unterschiede sowie seine Beziehung zu den anderen Gegenständen aufzeigen u. s. w.

Wenn Schüler fähig sind, einzelne Gegenstände der natürlichen Wirklichkeit richtig zu beschreiben und zu benennen, zeigen sie dadurch, dass sie zu einer differenzierten Wahrnehmung ihrer Umwelt in der Lage sind. Für sie ist die Welt kein Einerlei, sondern eine Vielzahl, die sich aus einer Anzahl einzelner und für sich besonderer Gegenstände zusammensetzt. Pädagogen ist mit ihrer Aufgabe, ihren Schülern fachspezifische Nomenklaturen zu vermitteln, zugleich auch eine ganz besondere Verantwortung übertragen worden, weil sie ihren Schülern mit den Nomenklaturen einen Schlüssel zum Erkennen der Wirklichkeit darreichen. Sie sollten sich ihrer großen Verantwortung bewusst sein und ihren ganzen pädagogischen Eifer dafür aufwenden, dass a) ihre Schüler die Nomenklaturen erlernen, dass diesen b) auch die innere Systematik der Fachtermini bekannt werden und dass sie c) begreifen, dass die Kenntnis von Fachbezeichnungen nicht selten eine Hilfe dafür darstellt, erste Informationen über Gegenstände der natürlichen Wirklichkeit zu erhalten.

Beispiele für die unterrichtliche Umsetzung der aristotelischen Annäherung an die Natur:

a) im Biologieunterricht mit dem Unterrichtsthema „Der Feinbau der Zelle"
   (vgl. hierzu: Biologie heute entdecken S II. Ein Lehr- und Arbeitsbuch, hrsg. von Andreas Paul, Braunschweig 2004, Kap. 4: Der Feinbau der Zelle)
   – Zunächst werden die beiden für die Zellkunde grundlegenden Zelltypen, nämlich die Prokaryoten und die Eukaryoten, (samt der etymologischen Herleitung ihrer Namen aus dem Griechischen!) als Lebewesen ohne bzw. mit einem Zellkern vorgestellt und in ihrem anatomischen Aufbau miteinander verglichen.
   – Dann wird die für die Funktion von Zellen grundlegende Aufgabe des Stofftransportes durch Biomembranen ausführlich beschrieben. Dazu ist es erforderlich, die Namen (auch die **fachspezifischen Nomenklaturen!**) und die **Funktionsweise der einzelnen** Zellbestandteile zu kennen, was der Inhalt dieses didaktischen Schrittes ist.
   – Nachdem die einzelne Zelle hinreichend betrachtet und in ihrer Funktionsweise untersucht wurde, ist nun der Blick offen für die **Umwelt** der Einzelzelle und für die **Vielzahl** der

- Zellen, in der diese lebt, nämlich für den Verband der Zellkolonien, der nun thematisiert wird.
- Zur Umwelt von Einzelzellern gehören nicht nur andere Einzeller, sondern auch Vielzeller. Ebenso wie die Einzeller weisen auch die Vielzeller ganz spezifische Eigenschaften auf, die sich allerdings von denen der Einzeller unterscheiden. Die Vielzeller in den Fokus zu nehmen, bedeutet, den Ort eines einzelnen Naturgegenstandes noch einmal erheblich weiter zu fassen als dies bisher geschah.
- Ein letztes Mal wird der **Betrachtungsradius** des Einzellers erweitert, indem zwischen pflanzlichen und tierischen Zellen **differenziert** wird und deren jeweilige **Spezifika** angeführt und erläutert werden.
- Das in dem Schulbuch *Biologie heute entdecken S II* empfohlene **Praktikum** zur Untersuchung der Zellbiologie, das Aristoteles vermutlich als den aller Naturerkundung notwendigerweise vorangehenden ‚Gang in die Natur' bezeichnen würde, ist in diesem Unterrichtswerk an die theoretische Darlegung zur Zellkunde angefügt worden und steht ihr leider nicht voran. Aristoteles wäre darüber wohl sehr betrübt! Obwohl es auch Gründe dafür gibt, die theoretische Beschäftigung mit der Natur der praktischen Naturerkundung voranzustellen – insbesondere ist hier daran zu denken, dass die Schüler, wenn sie mit der Auffindung bestimmter Phänomene der empirischen Wirklichkeit beauftragt werden, diese aller Wahrscheinlichkeit nach auch ‚entdecken' –, ist die Entscheidung für eine unterrichtliche Konzeption des Unterrichts, die die praktischen Untersuchungen posthum an die Theorie anschließt, kritisch zu sehen; denn die Schüler werden dann nicht zum Entdecken motiviert, sondern dazu, vorgegebenes Wissen deduktiv mithilfe von eigenen praktischen Untersuchungen zu überprüfen. Ein echter Naturkundeunterricht – vor allem einer in dem Sinne des Aristoteles, der übrigens auch den gängigen wissenschaftlichen Empfehlungen entspricht – geht immer zuerst von der Natur aus und entwickelt von dort aus seine Theorien. Nur auf diese Weise besteht die Möglichkeit, bislang

Unentdecktes ausfindig zu machen und nicht nur Altbekanntes wiederaufzufinden. Wenn sich die Schule als eine Einrichtung begreift, die junge Menschen ernsthaft darauf vorbereiten will, sich selbstbewusst und eigenständig in unserer Welt zu orientieren, kommt sie nicht umhin, den ihr anvertrauten Nachwuchs zuerst in die Natur zu schicken und alle altbekannten Theorien über die Gegenstände in der Natur und über die Zusammenhänge zwischen natürlichen Gegenständen – zumindest vorerst – gänzlich zu vergessen.

b) im Physikunterricht mit dem Unterrichtsthema: „Mechanische Energie"
(vgl. hierzu: Oberstufe Physik. Ausgabe B, Band 1, erarb. von Gerd Boysen u. a., Berlin 1997, S. 52–63: Mechanische Energie)
– Als Ausgangspunkt für die Behandlung des Themas „Mechanische Energie" dienen zwei **praktische Untersuchungen**, die erste mit einem Doppelpendel, die zweite mit einem großen und einem kleinen Flummi-Ball. Die Schüler können durch die **Experimente** lernen, a) dass Energie in verschiedenen Formen vorkommt, b) dass man sie umwandeln und c) übertragen kann.
– In einem weiteren Experiment können die Schüler erfahren, dass sich Energie und Energieveränderungen physikalisch messen lassen. Doch welche **konkreten Probleme** lassen sich aufgrund dieser Erkenntnis lösen?
Um diese Frage zu lösen, sollen die Schüler kreativ werden und eigenständig über **Anwendungsbeispiele in der Praxis** nachdenken, die im Folgenden diskutiert werden.
– Anhand der von den Schülern vorgetragenen Anwendungsbeispiel wird deutlich gemacht, dass der Begriff der ‚Energie' allein nicht ausreicht, um das Thema „Mechanische Energie" hinreichend behandeln zu können. Es ist vielmehr notwendig, die **Nomenklatur** um zwei weitere Begriffe, nämlich den der ‚Leistung' und den der ‚Kraft', zu erweitern.

- Weitere Überlegungen zu dem Themenbereich ‚Energie' und ‚Energieveränderung' werden angestellt und dazu auch noch einige **praktische Versuche** durchgeführt.
- Seitens der Schülerschaft werden **die ersten eigenständig ermittelten physikalischen Gesetze** zur Energie- und Impulserhaltung formuliert. Außerdem werden Überlegungen angestellt, wie man **die Kenntnis dieser Gesetze technisch nutzen** könnte.

Eines steht freilich unzweifelhaft fest: Die Art, wie wir heutzutage die Natur betrachten, lässt sich mit der zur Zeit des Aristoteles kaum vergleichen. Es gab in der Antike noch keine Naturwissenschaften in der Form, so wie wir sie heute kennen. Uns stehen Instrumentarien und Untersuchungsmethoden zur Verfügung, von denen antike Menschen nicht einmal zu träumen wagten. Der moderne Wissenschaftsapparat hat nicht nur unser Verständnis von Wissenschaft und wissenschaftlicher Beweisführung geprägt, sondern auch unsere Vorstellung von dem, was wir als Wirklichkeit bezeichnen. Dennoch können wir Heutigen durchaus von den aristotelischen Naturbetrachtungen profitieren. Hierbei ist zuerst an die Überlegungen des Aristoteles zur Sinnhaftigkeit der Natur zu denken, dann aber auch an seine Mahnungen, unsere ‚Türen' und ‚Fenster' zu öffnen, um einen Zugang zu den Gegenständen der natürlichen Wirklichkeit zu erhalten, und schließlich an die Art und Weise, wie er sich die Naturgegenstände in ihrer Einzelheit und in ihrer Vielheit erschloss.

Möglicherweise wird uns und unseren Schülern, wenn wir uns auf die aristotelische Denkweise einlassen, eine ganz neue Erfahrung zuteil, die wir bisher nicht machen konnten,

- weil wir uns hauptsächlich in geschlossenen Räumen aufhielten,
- weil wir wegen des Einflusses der multimedialen Denkweise der modernen Welt ein überwiegend funktionales Verhältnis zur Natur pflegten oder

– weil wir im Blick auf die Möglichkeit, Antworten auf die Sinnfrage zu erlangen, schon gänzlich kapituliert haben.

Der neuen Erfahrung, zu der uns Aristoteles anleiten kann, geht die Entdeckung voraus, dass wir, die wir die Natur erforschen und über die Zusammenhänge in ihr nachdenken, selbst auch ein Teil des Ganzen der Natur sind. Die Natur zu erforschen, bedeutet deswegen, uns selbst zu erforschen. Die Abläufe und Regeln in der Natur zu begreifen und in ihr eine Sinnhaftigkeit auszumachen, führt uns infolgedessen dahin, uns und unser Dasein tiefer zu verstehen und ihm einen Sinn zu verleihen. Dies wird uns vielfach bestätigt, wenn wir erkennen, dass Großes und Kleines, Äußeres und Inneres, Fernes und Nahes, Vielheit und Einzelnes, Fremdes und Vertrautes nicht selten denselben natürlichen Gesetzen folgen und dass auch wir, wenn wir bei Problemen nach Lösungen suchen, gar nicht so weit von den Lösungen entfernt sind, wie wir vielleicht meinen. Diese Nähe kommt dadurch zustande, dass wir denselben Gesetzmäßigkeiten unterliegen wie der Gegenstand, der uns augenblicklich Probleme bereitet. Wir müssen also nur als natürliches Wesen begreifen und in uns hineinschauen.

Für Schüler, die sich in Lebenssituationen befinden, in der sie sich von ihren Eltern unabhängig in unserer Welt orientieren und eigenständige weltanschauliche Positionen beziehen wollen, kann die aristotelische φυσική deswegen mehr sein als bloß eine „wissenschaftliche Erforschung der Naturerscheinungen". Sie kann zum Ausdruck eines Bestrebens werden, der Sinnhaftigkeit des eigenen Lebens nachzujagen.

5 Der Mittwochnachmittag: Die vier Gründe des Seienden oder der Versuch einer pädagogischen Standortbestimmung zwischen Physik-, Chemie- und Religionsunterricht

In seiner ‚Lehre von den vier Gründen des Seienden', die in den Bereich der poietischen Philosophie gehört, thematisiert Aristoteles das Verhältnis von Stoff (ὕλη) und Form (μορφή). Dabei nimmt er die vier folgenden Unterscheidungen vor (Die lateinischen Bezeichnungen für die einzelnen Unterscheidungen hat man erst später im Mittelalter entwickelt!):

1. der Stoff, aus dem ein Gegenstand besteht (causa materialis)
2. die Form, in der sich ein Stoff befindet (causa formalis)
3. die Wirkursache, die einen Stoff in eine bestimmte Form gebracht hat (causa efficiens)
4. die Zweckursache, die über das Wozu eines Gegenstandes Auskunft gibt (causa finalis)

Die vier Gründe des Seienden lassen sich besonders gut an dem Bild des Hausbaus veranschaulichen: Zum Bau eines Hauses benötigt man Material (causa materialis). Dieses muss man in bestimmte Formen bringen, um es für den Bau einsetzen zu können (causa formalis). Dazu ist ein Wissen darüber erforderlich, wie man die dafür notwendigen Werkzeuge oder Arbeitstechniken richtig einsetzt (causa efficiens). Nachdem das Haus dann fertiggestellt ist, verfolgt man mit diesem einen bestimmten Zweck höchstwahrscheinlich den, darin zu wohnen (causa finalis).

Die poietische ‚Lehre von den vier Gründen des Seienden' eignet sich aber nicht nur dazu, um mithilfe ihrer Trias ‚Herstellungsprozess, Herstellungszweck und Herstellungsergebnis' in allgemeinverständlicher Weise den Wandlungsprozess von Gegenständen zu erläutern, sondern sie erlaubt es vor allem auch, in einer sehr grundlegenden und dabei zugleich weitreichenden Weise das Verhältnis von Stoff und Form zu betrachten, indem sie sowohl die Prinzipien und Gesetzmäßigkeiten, die dem Stoff und der Form zugrunde liegen, wie auch den letzten Zweck ihrer Wechselwirkung zu ihren Themen macht:

Das Verhältnis von Stoff und Form ist nach der Auffassung des Aristoteles kein starres, unbewegliches, sondern ein überaus dynamisches. Die Gründe dafür sind für ihn erstens, dass die Form ständig auf den Stoff einwirke, um ihn zu verändern, und zweitens, dass der Stoff einen ihm innewohnenden Wunsch nach Formgebung aufweise. Angesichts des Zustandes der permanenten Bewegung zwischen Stoff und Form fragt Aristoteles, wer dieses energiegeladene Verhältnis in Gang gesetzt hat, und behauptet schließlich, dass man aus logischen Gründen zu keinem anderen Schluss gelangen könne, als dass ein Etwas am Anfang einer langen Kette von aufeinander einwirkenden Bewegungen stehe, das selbst unbewegt sei. Die Gültigkeit dieses logischen Schlusses setze jedoch voraus, dass jenes Etwas frei von jeglicher Stofflichkeit sei, da allein das Zusammenspiel von Form und Stoff für Bewegung sorge. Wenn das unbewegte Etwas aber keine Stofflichkeit besitze, müsse es reine Form sein und damit absolut geistig und vollkommen. Die Summe dieser höchsten Eigenschaften erlaube es schließlich, jenes unbewegte, stofflose, absolut geistige und vollkommene Etwas ‚Gott' zu nennen.

‚Gott' ist für Aristoteles also das absolut reine Denken, das die Welt ewig in Bewegung gesetzt hat, ohne sich selbst je zu bewegen. Die ewige Bewegung der Welt aus der Perspektive der Endlichkeit heraus lässt sich nach Aristoteles ausschließlich als Kreisbewegung denken, die sich immerfort wiederholt. Diesen Gedanken aufnehmend behauptet er, dass auch das Kreisen der Sterne unmittelbar durch den Anstoß erfolge, den ihr der göttliche Erstbeweger verliehen habe.

Das Gottesbild, das Aristoteles zeichnet, hat freilich wenig mit dem christlichen gemein: Während nämlich der aristotelische Gott aufgrund seiner Stofflosigkeit und seiner reinen Geistigkeit keinerlei Berührungspunkte mit dem aktuellen, von Dynamik und Stofflichkeit bestimmten Weltgeschehen aufweist, trifft genau das Gegenteil auf den christlichen Gott zu; nach christlicher Lehrmeinung hat sich dieser mannigfach in der Geschichte offenbart und tritt seinen Geschöpfen als lebendiges Gegenüber entgegen. Wegen dieser fundamentalen Verschiedenheit des aristotelischen Gottes von dem des Christentums sind die zahlreichen Versuche, die aristotelische Theologie vonseiten christlicher Theologie zu rezipieren, mit äußerster Vorsicht zu betrachten. Gleichwohl können Aristoteles' ‚vier Gründe des Seienden' im Kontext schulischen Lernens zahlreiche Anregungen bieten, insbesondere solche, die das Fragen nach der empirischen Wirklichkeit mit intensivem philosophischem Nachdenken verbinden:

Wie kaum eine andere Lehre des Aristoteles verknüpft die von den vier Gründen des Seienden Physik, Chemie und Theologie miteinander – ein Gedanke, auf den heutige Schüler wohl kaum kämen. Der Grund für die von Aristoteles gezogene Verbindung zwischen den Disziplinen ist jedoch keinesfalls in seinem Mangel an naturwissenschaftlichem Wissen und technischen Möglichkeiten zu suchen, den Aristoteles in seiner Zeit vorfand und der ihn schließlich dazu veranlasst hätte, die letzten Antworten auf die Fragen der Naturwissenschaften in der Theologie zu suchen. Ausschlaggebend war für ihn vielmehr die Erkenntnis, dass er mit seinen Fragen in Bereiche vorgedrungen war, die für ihn keine anderen als allein metaphysische Erklärungen zuließen. Denn die ‚Lehre von den vier Gründen des Seienden' fordert dazu heraus, nicht nur die Genese von einzelnen natürlichen Gegenständen sowie der natürlichen Welt als eines Ganzen zu untersuchen, sondern noch weiter zurückzufragen nach der Verbindung zwischen dem Stofflichen und dem rein Geistigen und damit schließlich nach dem Ursprung des Wirklichen – des Natürlichen wie des Geistigen – in seiner Gesamtheit. Damit ist Aristoteles durchaus modern; denn auch wissenschaftstheoretische Untersuchungen wie die von Thomas S. Kuhn („Die Struktur wissenschaftlicher Revolutionen",1989) und Fritjof Capra („Wendezeit. Bausteine für ein neues Weltbild", 2004) tendieren dahin, Antworten auf naturwissenschaftliche Fragen nicht allein in der jeweils zuständigen Naturwissenschaft zu suchen, sondern auch und vor allem außerhalb der Naturwissenschaften, beispielsweise in den Religionswissenschaften, der Theologie und der Philosophie. Gewissermaßen bestätigen sie damit die Vorgehensweise des Aristoteles.

Angesichts der in unserer modernen Welt ständig zunehmenden Tendenz zur Spezialisierung und zur weiteren fachspezifischen Aufspaltung der einzelnen wissenschaftlichen Disziplinen ist mit der ‚Lehre von den vier Gründen des Seienden" eine wertvolle Mahnung ausgesprochen. Denn einerseits zwar ist eine weitere Differenzierung der Wissenschaften wegen der sich immer komplexer darstellenden Wirklichkeit unvermeidbar, andererseits aber führt eben genau diese Tendenz einer stetigen Ausdifferenzierung zu einem deutlichen Verlust des Bewusstseins dafür, dass die empirische Wirklichkeit eine Größe ist, die man nicht nur partikular, sondern auch und vor allem in ihrer Ganzheit wahrnehmen sollte. Die in diesem Zusammenhang vorangebrachten Mahnungen des Aristoteles sollten sich unbedingt auch an die öffentlichen Schulen richten, besonders wenn sie ein Bild von der empirischen Wirklichkeit zeichnen und an ihre Schüler vermitteln, das wenig von dem Willen geprägt ist, die Wirklichkeit in ihrer Ganzheit betrachten zu wollen; denn nicht selten ist an Schulen eine mangelnde Bereitschaft – und vielleicht auch eine fehlende Perspektive (!) – zu beobachten, die einzelnen Schulfächer als Puzzleteile eines Großen und Ganzen begreifen zu wollen, in dem auch die Schüler ihre eigene Wirklichkeit erkennen.

Betrachten wir nun die ‚vier Gründe des Seienden' im Einzelnen:

Im Blick auf die ersten beiden Gründe des Seienden ist anzumerken, dass Aristoteles einer sehr wesentlichen Erkenntnis der modernen Chemie vorgriff, indem er feststellte, dass kein Gegenstand der empirischen Welt existieren kann, ohne dass dieser sowohl Form als auch Stofflichkeit aufweist. Ausgehend von dieser sowohl empirisch wie auch philosophisch entwickelten Feststellung, machte Aristoteles sich daran, die Stoffverbindungen, die er in der Natur vorfand, als auch die Artefakte seiner Umwelt bis hin zu ihren kleinsten Bestandteilen zu erforschen. Dabei darf freilich nicht vergessen werden, dass ihm nicht die Instrumentarien eines modernen Chemielabors zur Verfügung standen. Die Erwartungen an Aristoteles als Chemiker dürfen deswegen nicht unangemessen hoch angesetzt werden. Dennoch darf mit Fug und Recht behauptet werden, dass Aristoteles wegen seiner Forschungen und Erkenntnisse als antiker Vorläufer der modernen Chemie gilt.

Besonders interessant und auch nach den Maßstäben der heutigen Naturwissenschaften epochemachend ist die Beobachtung des Aristoteles, dass zwischen Stoff und Form eine ständige Bewegung vorherrscht. Aristoteles nimmt hiermit den Grundgedanken von Albert Einsteins Entdeckung der Äquivalenz zwischen Masse und Energie vorweg, die er jedoch im Gegensatz zu Einstein nicht beweisen kann.

Die Gesetze über die Wechselwirkung von Stoff und Form gehören jedoch nicht nur zu den wichtigsten wissenschaftlichen Grundlagen der modernen Physik, sondern sie werden auch von der Geschichtswissenschaft und im Besonderen von der christlichen Theologie schon lange vor Einstein „behauptet" – wenn auch unter Anwendung einer völlig anderen Beweisführung und in einer ganz anderen Absicht als dies die moderne Physik tut. So zeigt etwa Georg W. F. Hegel als Vertreter der Philosophie, besonders aber der Geschichtswissenschaften, dass historische Ereignisse auf anderen historischen Ereignissen aufbauen. Damit meint er aber nicht nur, dass sie diese zur Voraussetzung haben, sondern dass die jeweiligen historischen Ereignisse den Geist des Vorangegangenen immer weitertragen, sodass dieser nicht verloren gehen kann. Aristotelisch formuliert könnte man Hegels Geschichtsphilosophie so wiedergeben, dass sich im Laufe der Geschichte zwar die ‚Form' der ‚Stofflichkeit' ändere, weil der ‚Stoff' nach ‚Formgebung' verlange, dass aber die Idee der ‚Form', also die ‚Form' in ihrer Eigentlichkeit, von Beginn ihrer Existenz an bis zur Gegenwart unverändert vorhanden sei.

In ganz ähnlicher Weise wie Hegel nimmt auch die christliche Theologie die Vorstellung von der Wechselwirkung von Stoff und Form in ihre Dogmatiken auf, wenn sie behauptet, dass die göttliche Schöpfung zwar, bedingt durch geschichtliche Ereignisse, einem stetigem Wandeln unterliegt (– aristotelisch: die ‚Form' des ‚Stoffes' kann sich ändern! –), dass aber nichts aus der Schöpfung ‚herausfallen', sich also außerhalb von Gott und seinem Einflussbereich befinden kann, da die göttliche Schöpfung unlösbar und für alle Zeiten geschützt unter dem Einfluss ihres Schöpfers bleibt.

In diesem Punkt weist die christliche Dogmatik übrigens nicht nur eine große Ähnlichkeit mit den beiden anderen monotheistischen Glaubenslehren auf, nämlich der jüdischen und der muslimischen, sondern auch mit der buddhistischen und der hinduistischen. So geht man im Hinduismus davon aus, dass die Seele nach dem Tod eines Menschen von einer Schale (Aristoteles würde μορφή, dt.: Form, sagen!) in eine andere gegossen wird (Der Hinduismus nennt diesen Vorgang „Samsara"!) und so ihre Reinkarnation in dem ewigen Kreis der Wiedergeburt erlebt, also nicht verloren geht. Ganz ähnlich lehrt der im Vergleich zum Hinduismus jüngere, aber in religionsgeschichtlicher Hinsicht verwandte Buddhismus, dass der Mensch zumindest so lange, bis er nach einer Reihe möglicher Reinkarnationen ins Nirwana gelangt, eine Art Identität beibehält, die sich dann aber aufgrund der im Nirwana vorhandenen Ichlosigkeit des Seins höchstwahrscheinlich auflöst.

Zusammenfassend kann man im Blick auf Aristoteles' erste beide Gründe des Seienden sagen, dass sie nicht nur zahlreiche Anregungen für die schulischen Unterrichtsfächer Chemie, Physik und Religionslehre bieten, sondern auch Möglichkeiten eröffnen, diese Fächer in einen gemeinsamen unterrichtlichen Zusammenhang zu stellen. Diese Möglichkeiten sollte man nicht nur deswegen nicht ungenutzt lassen, weil hierdurch die schon mehrfach vorgetragene Idee einer Betrachtung der empirischen Wirklichkeit aus der Perspektive unterschiedlicher schulischer Fächer gestärkt wird, sondern vor allem, weil durch die empirische Wirklichkeit ein solcher Zusammenhang auch tatsächlich gegeben ist.

Kommen wir zu dem dritten Grund des Seienden, der Wirkursache:

Wenn Aristoteles über die Wirkursache spricht, die einen Stoff in eine bestimmte Form gebracht hat, dann tut er dies, um darauf hinzuweisen, dass alle Dinge – angefangen von der formlosen Stofflichkeit des höchsten Vollkommenen, über die unteilbaren kleinsten Elemente der natürlichen Wirklichkeit bis hin zu den konkreten geschichtlichen Ereignissen – in einem kausalen Zusammenhang zueinander stehen und jeweils für sich, aber auch gemeinsam auf ein bestimmtes Ziel hin ausgerichtet sind. Weil nun aber die empirische Wirklichkeit durch Kausalität und Zielgerichtetheit bestimmt ist, ist es nach Meinung des Aristoteles methodisch falsch, Gegenstände der Natur oder auch geschichtliche Ereignisse ausschließlich isoliert betrachten und verstehen zu wollen. Für Aristoteles ist es vielmehr notwendig, diese in ihrem kausalen Bezugsfeld zu betrachten und auf die ihnen innewohnende Teleologie hin zu befragen. Gleiches trifft s. E. auf den Menschen zu, der ebenfalls Teil der natürlichen Welt ist; auch er befindet sich in einem kausalen Strukturzusammenhang und muss deswegen sowohl in seiner Vernetzung zwischen persönlicher und globaler Geschichte wie auch innerhalb seines Seins in der Natur wahrgenommen und verstanden werden. Es ist freilich darüber hinaus auch vorstellbar, die auf den Menschen bezogenen Fragen, die um den Themenbereich der Wirkursache kreisen, religiös zu behandeln.

Das aristotelische Verständnis von Wirkursache beschränkt sich jedoch nicht auf die Beobachtung und die Analyse der kausalen Zusammenhänge zwischen dem Menschen als Gegenstand der Natur, den übrigen natürlichen Gegenständen und der Geschichte, sondern nimmt auch die Kräfte in den Blick, die die natürlichen Gegenstände und historischen Ereignisse in ihre Formen gebracht haben, nämlich die natürlichen Kräfte sowie die des Menschen. Auch wenn die aristotelische Vorstellung von Wirkursache – angewandt auf unsere komplexe Wirklichkeit – teilweise sehr mechanisch und im Vergleich mit heutigen Erklärungsmodellen über die Entstehung der empirischen Wirklichkeit möglicherweise naiv und sehr vereinfacht wirkt, kann sie uns Heutigen dennoch wertvolle Impulse liefern, unsere Wirklichkeit besser zu verstehen. So können wir durch die Anwendung der Frage nach der Wirkursache dazu motiviert werden, die Ursachen für lokale Probleme nicht allein in deren näherem Umfeld zu suchen, sondern den Radius für die Suche so weit wie möglich auszudehnen. Die Richtigkeit dieses Vorgehens zeigt sich, wenn man nach den Wirkursachen von Problemen wie Überschwemmungen, Dürren, aber auch von Staats- und Finanzkrisen sowie von Epidemien und Seuchen forscht und dann schließlich zu dem Ergebnis gelangt, dass es globale Ursachen sind, die zu jenen Problemen geführt haben.

Wegen der großen Wichtigkeit und der vielfältigen Anwendungsmöglichkeiten des aristotelischen Begriffs der Wirkursache sollte es die Schule auf keinen Fall versäumen, ihn zu ihrem Thema zu machen, da die Schüler durch eine Beschäftigung mit ihm in ihrer kritischen Wahrnehmung ihrer Umwelt und der in ihr vorhandenen Zusammenhänge gefördert werden können.

Wertvolle Impulse für den schulischen Unterricht sind auch von Aristoteles' viertem Grund des Seienden zu erwarten, der das Thema Zweckursache behandelt. Wie schon bei den übrigen drei Gründen des Seienden provoziert auch der vierte Grund sowohl Fragestellungen, die sich auf die empirische Wirklichkeit beziehen, wie auch solche, die dem Bereich der Metaphysik zugehörig sind. Allerdings dürfte gemeinhin deutlich sein, dass jeder Versuch, den metaphysischen Zweck eines natürlichen Gegenstandes zu ermitteln, ein schwieriges Unterfangen ist und sein Ergebnis nicht anders als individuell bestimmt und insofern als relativ angesehen werden muss. Dennoch ist die Frage nach dem metaphysischen Zweck eines empirischen Gegenstandes – unabhängig von der religiösen Einstellung des jeweils Fragenden – durchaus sinnvoll, da sie den Einzelnen dazu herausfordern kann, aus dem geschichtlichen und physischen Verhaftetsein seines individuellen Seins herauszutreten und den eigenen noetischen Horizont in individuell größtmöglicher Weise zu erweitern. Schüler mit dem vierten Grund des Seienden zu konfrontieren, dürfte deswegen zu den spannendsten und am meisten herausfordernden pädagogischen Aufgaben gehören. Die Gründe dafür sind folgende:

a) Die Schüler können durch den vierten Grund des Seienden dazu angespornt werden, den Nutzen und die Zweckhaftigkeit ihres Handelns kritisch zu reflektieren und über aus ihrem Handeln resultierende Verantwortung nachzudenken. Denn als handelnde und schöpferisch tätige Menschen kreieren sie täglich „Gegenstände" und sprechen diesen bestimmte Zwecke zu. Dadurch übernehmen sie auch eine moralische Verantwortung für jene Gegenstände bzw. für die Folgen, die sich aus der Existenz der Gegenstände ergeben.

b) Durch eine Beschäftigung mit dem vierten Grund des Seienden haben die Schüler die Möglichkeit zu erkennen, dass alle Handlungen eines Menschen Ausdrucksweisen ihrer selbst und ihrer individuellen Lebensauffassung sind und dass sich die Frage nach dem Wozu eines von ihnen geschaffenen Gegenstandes nicht von der Frage nach dem Wozu ihrer selbst trennen lässt. Das bedeutet: Den Schülern eröffnet sich mithilfe des vierten Grundes des Seienden möglicherweise die folgende Sichtweise: Menschen und ihre schöpferischen Potentiale können ebenso wenig unabhängig von ihrer Umwelt sachgerecht wahrgenommen und bewertet werden wie die empirische Wirklichkeit ohne die Menschen samt ihrer artefaktischen Möglichkeiten. Gleiches gilt für die Frage nach

dem individuellen und kollektiven Zweck der Menschen und ihrer Umwelt.
c) Bezogen auf das Sein des Menschen nimmt die Wozu-Frage des vierten Grundes des Seienden nicht ausschließlich, aber doch auch eine metaphysische Qualität an, was die Schüler zu der Erkenntnis leiten kann, dass durch eine Erweiterung der Wozu-Frage auf das Feld der Metaphysik eine Verstärkung der Intensität der Sinnfrage stattfinden kann, die durch eine Beschränkung allein auf die Untersuchung der empirischen Wirklichkeit keinesfalls erreicht würde. Die Verstärkung der Intensität erklärt sich dadurch, dass nicht nur durch eine, sondern durch zwei Daseinsdimensionen die Sinnfrage angestoßen wird.

Im Blick auf die von Aristoteles angeführten Gründe des Seienden kann nun zusammenfassend festgestellt werden, dass sie für einen schulischen Unterricht zahlreiche Anstöße bieten, ausgehend von einer Betrachtung und Analyse der Genese und Wandlung von Gegenständen der Natur zu einer Besprechung von grundlegenden anthropologischen und metaphysischen Themen zu gelangen.

Beispiele für die unterrichtliche Umsetzung der vier aristotelischen Gründe des Seienden:

a) im Chemieunterricht mit dem Unterrichtsthema „Atombau und chemische Bindung"
   (vgl. hierzu: Elemente Chemie II. Gesamtband. Unterrichtswerk für die Sekundarstufe II, hrsg. von Werner Eisner u. a., Stuttgart u. a. 2004, S. 33–66: Atombau und chemische Bindung)
   – Im Rahmen des Themas „Kern und Elektronenhülle von Atomen" werden die Bestandteile eines Atoms vorgestellt. Die Darstellung der einzelnen Atombestandteile und ihres untereinander stattfindenden Zusammenspiels durch das hier herangezogene Bohrsche Atommodell kann freilich nicht mehr sein als lediglich eine modellhafte Illustration, da kein Chemiker dieser Welt absolut gesicherte Auskünfte über die **Stofflich-**

keit von Atomen zu erteilen vermag, zumal Stofflichkeit ohne Formgebung für uns ohnehin nicht wahrnehmbar ist. Hierin ähneln sich übrigens das Bohrsche Atommodell und die Aussagen des Aristoteles über die Stofflichkeit: Beide erheben lediglich den Anspruch, ein Modell der empirischen Wirklichkeit zu sein, das uns als Anleitung zu deren Verständnis dienlich sein kann.

- Ein Atom bleibt i. d. R. nicht isoliert für sich, sondern es nimmt unterschiedliche **Formen** an, indem es sich mit anderen Atomen zu Molekularverbindung zusammenschließt oder aber Ionenbindung, -verbindungen und -gitter entstehen lässt.
- Das Vorhandensein der unterschiedlichsten atomaren Formen lässt die Frage nach den **Wirkursachen**, die den Stoff in die verschiedenen Formen gebracht haben, aufkommen. Diese Frage wird im Rahmen der Themen „Das Elektronenpaarabstoßungsmodell" (S. 45), „Kräfte zwischen Molekülen" (S. 48f) und „Übergänge zwischen Ionen- und Atombindungen" (S. 52) behandelt.
- Nachdem mehrere Möglichkeiten von Atomen, sich zu strukturieren, aufgezeigt wurden, wird nun darüber nachgedacht, wie diese technisch genutzt werden könnten und welchen Zwecken sie dienlich sein könnten. Es geht also um die aristotelische Frage nach der **Zweckursache**, die über das Wozu eines Gegenstandes Auskunft gibt. Diese wird exemplarisch an dem Thema „Die Bindung in Metallen" (S. 54f) behandelt, da sich das hervorragend dazu eignet, die technisch nutzbaren Eigenschaften von Atomen darzustellen: Wegen ihrer typischen atomaren Strukturen weisen Metalle Eigenschaften auf, die sie zum Einsatz für einen bestimmten Zweck (Festigkeit, gute Wärmeleitereigenschaft u. a.) geeignet sein lassen und denen man deswegen – aristotelisch gesprochen – eine bestimmte Zweckursache zusprechen könnte.

b) im Geschichtsunterricht mit dem Unterrichtsthema „Die antike Welt: Fremdheit und Nähe"

(vgl. hierzu: Kursbuch Geschichte. Hessen. Einführungsphase. Von der Antike bis zur Frühen Neuzeit, erarb. von Ernst Hinrichs u. a., Berlin 2007: Die antike Welt: Fremdheit und Nähe, S. 10–47)
– Vorüberlegung:
Eine unmittelbare Anwendung der ‚vier Gründe des Seienden' auf geschichtswissenschaftliche Fragestellung ist nicht zu leisten, weil den ‚vier Gründen' poietische Motive zugrunde liegen, die wiederum das Vorhandensein von geformter Stofflichkeit – so beschreibt jedenfalls Aristoteles Artefakte! – voraussetzen. Dennoch kann auch der Geschichtsunterricht von der den ‚vier Gründen' zugrundeliegenden Idee profitieren, wie im Folgenden deutlich werden soll:
Das **Stoffliche** im Geschichtsunterricht ist vorrangig der Mensch, und die Art und Weise sowie die Umstände, unter denen er den Lauf der Geschichte beeinflusst, ist das Hauptthema des Geschichtsunterrichts. Da der Mensch aber nicht nur der Hauptgegenstand der Geschichte ist, sondern zugleich auch den Lauf der Geschichte – seine eigene wie die Weltgeschichte – maßgeblich beeinflusst, ist er auch ‚gestaltendes Element' und damit im aristotelischen Sinne **Form** und **Wirkursache** zugleich ist.
Weil dem menschlichen Handeln ein Bewusstsein zugrunde liegt, das sein Handeln wissentlich geschehen lässt, ist es in vielen Fällen möglich, **Zweckursachen** auszumachen, mit denen man die Motive menschlicher Handlungen erklären kann. Allerdings gibt es auch eine Reihe menschlicher Handlungen, die unbewusst geschehen. Ob eine menschliche Handlung als Wirkursache oder als Zweckursache gelten kann, sollte man vielleicht daran festmachen, ob sie als transsubjektiv einzustufen ist und somit mehr oder weniger unbewusst geschah (dann wäre sie eine Wirkursache!) oder ob sie bewusst vollzogen wurde (dann wäre sie Zweckursache!).
– Nun zum Unterrichtsthema „Die antike Welt: Fremdheit und Nähe":

Die Menschen sind nicht mehr reine **„Stofflichkeit"**, sondern sie haben ihrem Leben bereits bestimmte **„Formen"** verliehen. Zu diesen gehört u. a. die attische Demokratie. Allerdings ist die attische Demokratie als Gestaltungsform des menschlichen Zusammenlebens nicht die erste ‚Formgebung' des Menschen, sondern sie baut bereits auf anderen ‚Formgebungen' auf, die den Schülern im Rahmen des Themas „Die Entstehung der attischen Demokratie" vorgestellt werden (vgl. S. 12ff).

- Indem sich die Schüler mit den Vorformen der attischen Demokratie beschäftigen, lernen sie, dass es sowohl innere Ursachen waren (wie die Abschaffung des Königtums, die Verpflichtung des Adels zur Gesetzestreue und die politischen Rechte des Volkes) als auch äußere Bedingungen (wie das Erstarken des griechischen Selbstbewusstseins durch militärische Erfolge), die zur Entstehung der attischen Demokratie beigetragen hatten. Die Schüler lernen also die **Wirkursachen** kennen, die zur attischen Demokratie geführt haben, und erfahren dabei, dass eben genau diese Wirkursachen auch für den politischen Einigungsprozess im heutigen Europa verantwortlich sind (vgl. S. 40).

- Um einen inhaltlich abgerundeten Abschluss des Themas „Die antike Welt: Fremdheit und Nähe" zu erreichen, ist es schließlich noch wichtig, den Schülern deutlich zu machen, dass einige der Wirkursachen, die zur attischen Demokratie geführt haben, zugleich auch **Zweckursachen** sind. Dies trifft vor allem auf die Selbstverpflichtung des Adels zur Gesetzestreue sowie auf ihre Bereitschaft, ihr eigenes Schicksal mit dem Athens zu verbinden, zu. Denn durch das Verhalten der Adligen wurde zum einen eine Staatsform bewirkt, die allen Bürgern ein zwangloses und geordnetes Zusammenleben ermöglichte, (> Wirkursache), zugleich hatten die Adligen mit ihrer Haltung auch einen bestimmten Zweck verfolgt, nämlich die erwähnte Form des Zusammenlebens (> Zweckursache) (vgl. S. 32–33.40).

Die ‚vier Gründe des Seienden' des Aristoteles können keine moderne wissenschaftliche Methode im heutigen Sinn ersetzen. Dafür weicht der bei ihnen anzutreffende Wissenschaftsbegriff, der von dem Gedanken der Zweckhaftigkeit und der Teleologie der empirischen Wirklichkeit ausgeht, zu stark von unserem modernen Verständnis von Wissenschaft ab. Es ist vielmehr die einfache Vorgehensweise der ‚vier Gründe', die einen Zugang zum Verständnis des Seienden freilegen wollen, die heutigen Schülern hilfreich sein kann:

- Was macht die Eigentlichkeit eines Gegenstandes der natürlichen Wirklichkeit aus? Und welche Erkenntnisse liefert hierzu die Unterscheidung zwischen der Stofflichkeit und der Form eines Gegenstandes?
- Lässt sich die Stofflichkeit eines Gegenstandes auch ohne dessen Form und umgekehrt Form auch ohne Stofflichkeit denken? Inwiefern ist die Unterscheidung zwischen Stofflichkeit und Form für die Art der Wahrnehmung und Beurteilung der empirischen Wirklichkeit hilfreich?
- Welche Anregungen kann der aristotelische Begriff der Wirkursache für unser modernes Weltverständnis bieten, das um die Unendlichkeit des Universums und um dessen Multikausalität weiß?
- Gleiches gilt für den Begriff der Zweckursache: Welche Anstöße kann er für die Wahrnehmung unserer Wirklichkeit liefern, in der wir uns angesichts eines allgemein vorherrschenden relativistischen Lebensgefühls davor scheuen, Gegenständen oder auch Ereignissen eindeutige Zweckursachen zuzuweisen?

Die ‚vier Gründe des Seienden' können Pädagogen an ihre Kernaufgaben erinnern. Zu diesen gehört zuallererst, den Schülern Hilfen zu bieten, sich in unserer Welt zu orientieren. Es versteht sich von selbst, dass dies weder bedeuten kann, ein bestimmtes Weltbild oder eine spezielle Weltsicht als alleinige Lösung vorzugeben, noch bestimmte wissenschaftliche Methoden. Aus diesem Grund ist die Gültigkeit der ‚vier Gründe' auch nur als relativ und vorläufig sowie als Hilfestellung dabei anzusehen, sich eine eigene Sichtweise auf die Welt anzueignen. Diese sollte man jedoch in Anspruch nehmen.

6 Der Donnerstagnachmittag: Unterricht über den Menschen und die erzieherischen Anstrengungen, diesen zu einer tugendhaften Lebensführung zu bewegen

Der Mensch weist nach aristotelischer Anthropologie eine große Ähnlichkeit mit anderen Lebewesen auf, die über eine niedrige Seelentätigkeiten verfügen; nur durch seinen Geist (νοῦς) hebt er sich deutlich von ihnen ab. Dies macht es notwendig, sich näher mit dem menschlichen Geist zu befassen: Aristoteles ist der Meinung, dass der Geist eines Menschen nicht nur in seinem Körper wohnt, sondern diesen auch vollständig beherrscht und dessen Wesen bestimmt. Ganz deutlich zeige sich die Dominanz des Geistes über den Körper bei sinnlichen Wahrnehmungsprozessen. Weil nämlich der Geist den Körper dominiere, könne der Mensch seinen Sinnen uneingeschränkt vertrauen. Eine gegensätzlich Position zur Frage der Glaubwürdigkeit von sinnlichen Wahrnehmungen vertritt Aristoteles' Lehrer Platon, der der Meinung war, dass man mit seinen Sinnen nur ein Trugbild der Wirklichkeit wahrnehmen könne (vgl. dazu Platons Höhlengleichnis!). Damit aber die sinnlichen Wahrnehmungen mit der empirischen Wirklichkeit übereinstimmen, ist es nach Auffassung des Aristoteles erforderlich, dass der menschliche Geist die einzelnen sinnlichen Wahrnehmungsgegenstände in richtiger Weise zusammenfügt. Diese Arbeit werde von dem wichtigsten Bestandteil des menschlichen Geistes, der Vernunft (λόγος), geleistet. Die Vernunft ist nach Aristoteles für den Menschen deswegen überaus wichtig und damit wertvoll, weil sich der Mensch wesenhaft durch seine Vernunfttätigkeit auszeichne. Konsequenterweise bringt Aristoteles der Vernunft und damit dem Geist eine hohe

Wertschätzung entgegen und hält diesen für unsterblich und bereits vor der Geburt des Menschen für existent.

Die anthropologischen Überlegungen des Aristoteles bilden für ihn die Grundlagen für die Entwicklung sowohl seiner Ethik als auch seiner Staatslehre. In seiner Ethik verkörpert die Eudämonie (εὐδαιμονία: εὐ = gut, δαίμων = Geist), die Glückseligkeit, das höchste Gut, nach dem ein Mensch streben sollte. Diese erreicht der Mensch, indem er sich um die Vervollkommnung seines Wesens durch eine tugendhafte Lebensführung müht, was ihm aufgrund seiner Natur (φύσις) und seiner Vernunft (λόγος) sowie durch Gewöhnung (ἔθος) möglich ist. Konkret stellt sich Aristoteles das Streben nach Glückseligkeit folgendermaßen vor:

Der Mensch besitzt von Natur aus eine ganze Reihe von Fähigkeiten, die ihm dabei helfen können, die Eudämonie zu erreichen – zumindest theoretisch stehen sie ihm zur Verfügung. Denn sie können ihn auch an dem Erreichen der Eudämonie hindern, oder sie sind noch so unentwickelt, dass sie ihm augenblicklich noch keine Hilfe im Blick auf Eudämonie sein können. Deswegen ist es unbedingt notwendig, die natürlichen Fähigkeiten des Menschen durch eine entsprechende Erziehung zur Reife zu bringen. Diese sollte sich nach der Auffassung des Aristoteles durch zwei Hauptelemente auszeichnen:

- erstens durch das Element der Gewöhnung, was letztlich nichts anderes ist als das fortwährende Wiederholen und Nachahmen von für richtig befundenen ethischen Handlungsweisen, und
- zweitens durch die Einsicht, dass tugendhafte Verhaltensweisen vernünftig sind und dass jegliche Erziehungsbemühung im Kern immer ein Ansporn dazu sein will, vernünftig zu handeln.

Dies wirft die Frage auf, was nach aristotelischer Lehre als eine vernünftige Handlung gelten kann. Bereits am „Dienstag" sahen wir, dass für Aristoteles das erste Augenmerk auf den einzelnen natürlichen Gegenstand zu fallen hat, bevor dieser in seinen Kontext gestellt wird und schließlich die Vielheit der Gegenstände betrachtet wird. Als Grund dafür wurde angeführt, dass dem Einzelnen jeweils eine ganz individuelle Sinnhaftigkeit zukommt, die in ihm angelegt ist und die er zu entfalten hat. Dem entsprechend ist auch die Verantwortung für die Handlung eines einzelnen Menschen allein diesem selbst zuzuordnen. Dazu kommt, dass die Motive und Intentionen, aus denen heraus Handlungen stattfinden, und nicht die Handlungsergebnisse für die ethische Beurteilung von Handlungen ausschlaggebend sind. Damit kommen wir wieder zu der Ausgangsfrage, wann eine Handlung nach Aristoteles als vernünftig gelten kann: Im Unterschied zu den theoretischen Wissenschaften, die den Maßgaben logischer Notwendigkeiten folgen, kann dies wegen der Freiheit des Menschen und wegen der individuell bestimmten Bedingungen, unter denen Handlungen stattfinden, nicht gleichermaßen für die Ethik gelten, die zusammen mit der Lehre von der Erziehung nach der aristotelischen Systematik zu den praktischen Wissenschaften gehört. Gleichwohl sollen Handlungen nach Auffassung des Aristoteles nicht nur aus der Freiheit heraus geschehen, sondern vor allem unter der Maßgabe der Vernunft und unter Beachtung der Ergebnisse der theoretischen Wissenschaften erfolgen, da es erst hierdurch möglich ist, dass Handlungen vernünftig und tugendhaft werden. Grundsätzlich gilt es beim ethischen Handeln möglichst eine mittlere – und damit vernünftige – Position zwischen zwei Extremen einzunehmen, z. B. eine solche zwischen Geiz und Verschwendung, zwischen Wagemut und Gleichgültigkeit, zwischen Askese und Völlerei usw.

Analog zu seiner Vorstellung von der Unsterblichkeit des menschlichen Geistes und der von dem sinnlichen Verhaftetsein des Menschen innerhalb der irdischen Wirklichkeit unterscheidet Aristoteles zwischen den dianoetischen und den ethischen Tugenden: Während die dianoetischen Tugenden ein Ausdruck der Unsterblichkeit und der Vernünftigkeit des Geistes und damit reine Vernunfttugenden sind, die eine Steigerung der Erkenntnisfähigkeit und eine Einsicht in die Weite der Vernunft ermöglichen, kann die Ausbildung der ethischen Tugenden einem Menschen dabei helfen, dass er nicht seinen sinnlichen Trieben erliegt, sondern die Vernunft über ihn die Oberhand gewinnt.

Den dianoetischen und den ethischen Tugenden misst Aristoteles innerhalb seiner Lehre vom Staat eine herausragende Bedeutung zu, da der Staat für Aristoteles der Ort ist, an dem „die höchste und eigentliche Form der Sittlichkeit"[47] stattfindet und die Tugenden durch praktisches Handeln zur Anwendung gebracht werden. Anders ausgedrückt: Es gibt für einen Menschen keinen geeigneteren Ort, die eigene Sittlichkeit unter Beweis zu stellen, als Staat. Auch lässt sich die Qualität eines Staates nicht anders messen und beurteilen als allein an dem ethischen Verhalten und Handeln ihrer Bürger.

Gerade an seiner Lehre vom Staat zeigt sich, dass für Aristoteles das Hauptanliegen seiner philosophischen Tätigkeit nicht in der Entwicklung theoretischer Überlegungen besteht, sondern dass sich theoretische Überlegungen immer in der Praxis zu bewähren haben und auf praktische Anwendungen hinauslaufen müssen. Die praktische Komponente der aristotelischen Staatsphilosophie wird etwa daran sichtbar, dass er fordert,

- ein idealer Staat habe stets die Bedürfnisse der in ihm lebenden Menschen zu beachten,
- die Staatsführung dürfe sich bei ihren Entscheidungen niemals von ideologischen Gründen leiten lassen, sondern müsse stets den Erfordernissen der aktuellen Zeitumstände Rechnung tragen,
- jeder einzelne Politiker hätte sich darum zu mühen, extreme politische Positionen zu vermeiden,
- das Staatsleben solle insgesamt eine Kontinuität aufweisen,
- das Ziel des Staates müsse grundsätzlich darin bestehen, dass alle seine Bürger ein gutes Leben führen könnten.

---

47 H. J. Störig: Kleine Weltgeschichte der Philosophie, 1999, S. 206.

In seiner konkreten politischen Ausgestaltung läuft der aristotelische Staat nach der Vorstellung seines philosophischen Konstrukteurs auf eine Mischung zwischen Demokratie und Aristokratie hinaus, in dem die Sklaverei als natürliches Phänomen erscheint, und die Institutionen der Ehe und Familie als die Einheit des Staates fördernde Untereinrichtungen betrachtet werden.

Auch wenn einzelne Bestandteile der Anthropologie des Aristoteles, insbesondere seine Seelenlehre und die von dem unsterblichen Geist, heutzutage als überholt angesehen werden müssen und bestenfalls in der Geschichte der Anthropologie Erwähnung finden sollten, bietet sie in ihrer Gesamtheit doch etliche Anregungen für die Frage nach dem, was die Eigentlichkeit des Menschen ausmacht. Diese Anregungen betreffen vor allem den Menschen als kognitives sowie als wollendes Wesen, also in zwei Wesenseigenschaften, die überaus wichtig sind, da sie maßgeblich den Ermöglichungsgrund für das Sein des Menschen als ethisches und als politisches Wesen bilden. Mit seinen Ausführungen zu den kognitiven Fähigkeiten des Menschen nimmt Aristoteles zahlreiche Überlegungen Kants und der englischen Empiristen Locke und Hume vorweg und zeigt damit, dass er mit seinen Anschauungen durchaus als modern gelten kann. Dass die Anthropologie des Aristoteles ihre inhaltliche Fortsetzung in seinen Ausführungen zur Ethik und zur Politik findet, ist einerseits beachtenswert, weil dies zeigt, wie komplex die aristotelische Philosophie angelegt ist, andererseits aber auch nur konsequent, wenn man bedenkt, dass anthropologische Entscheidungen niemals isoliert für sich betrachtet werden dürfen, sondern stets Auswirkungen auf das Ganze des Menschseins und seiner Wirklichkeit haben. Doch welche konkreten Anregungen kann man nun für die Pädagogik erwarten?

Eine erste Anregung, die Pädagogen von Aristoteles, insbesondere durch die Verknüpfung seiner Anthropologie, seiner Ethik und seiner Philosophie, erhalten können, ist diese: **Fehlerhaftes Handeln folgt aus fehlerhaftem Denken.** Deswegen ist es nach Auffassung des Aristoteles notwendig, nicht zuerst die Handlungsweise eines Menschen korrigieren zu wollen, sondern dessen Denken; denn das Handeln ist dem Denkprozess nachgeordnet und nicht umgekehrt.

Allerdings kann ein dem Handeln vorangehender Denkprozess nicht der Garant für ein gemeinhin als vernünftig angesehenes Handlungsergebnis sein, da – wie bereits deutlich gemacht wurde – die Qualität einer Handlung nicht durch ihr Ergebnis, sondern durch ihr Motiv bestimmt wird, das nach aristotelischen Maßstäben vernunftbestimmt sein soll. Es kann durchaus notwendig sein, eine konkrete Handlung als unangemessen zu kritisieren, obwohl ihre Motive vernunftbestimmt waren. Der Grund dafür besteht darin, dass eine Handlung neben dem Motiv der Vernünftigkeit auch durch das der Freiheit des einzelnen Handelnden bestimmt ist, wodurch eine Handlung unter Umständen mehrere vernünftige Handlungsvarianten zulässt. Gleichwohl trägt eine Handlung, der ein Ringen um Vernünftigkeit vorausgeht, auch die deutliche und unverkennbare Prägung der Vernunft. Insofern ist es bei fehlerhaften Handlungen angezeigt, zuerst die logische Stimmigkeit des ihr vorangegangenen Denkprozesses zu überprüfen, und dann in einem zweiten Schritt, wenn dies überhaupt noch nötig sein sollte, Kritik an der Handlungsausführung zu üben.

Die Richtigkeit dieser Denk- und Vorgehensweise bestätigt sich im schulischen Alltag immer wieder aufs Neue: Eine Lehrerin erzählte mir, dass sie in ihrer Hauptschulklasse regelmäßig mit ihren Schülern frühstückt. Als Motiv hierfür gab sie an, dass ein Großteil ihrer Klasse nicht in der Lage sei, mit Messer und Gabel zu essen. Die Schüler hätten diese Kulturtechnik nicht gelernt, da sie in den vergangenen Jahren fast ausnahmslos allein, meist vor dem Fernseher und ohne ihre Eltern, ihre Mahlzeiten eingenommen hätten. Dadurch sei ihnen jedoch die Möglichkeit verloren gegangen, das Essen mit Messer und Gabel zu erlernen, was der Mehrzahl der Kinder hierzulande zu Hause von ihren Eltern oft unter Aufbietung großer Mühe und Geduld beigebracht werde.

Dies ist nur ein Beispiel dafür, dass einem fehlerhaften Handeln – nämlich dem mangelhaften Benehmen beim Essen – ein fehlerhaftes Denken vorausgeht, im konkreten Fall das von Eltern, die nicht verstanden haben, dass es zu ihren Elternpflichten gehört, gemeinsam mit ihren Kindern die Mahlzeiten einzunehmen und sie währenddessen in der richtigen Handhabung von Essbesteck sowie in angemessenem Verhalten bei Tisch zu unterrichten. Die elterliche Unterweisung in Fragen der Benimmregeln bei Tisch ist keine freiwillige Leistung, die Eltern erbringen könnten oder aber auch nicht. Sie ist gänzlich unverzichtbar, wenn sie ihr Kind angemessen auf ein Leben in der Gesellschaft vorbereiten wollen. Eltern handeln nicht nur unvernünftig, sondern grob verantwortungslos, wenn sie ihren Kindern die in diesem Bereich erforderliche Erziehungsarbeit schuldig bleiben.

In den vergangenen Jahren ist eine hitzige Debatte darüber entbrannt, wie man Kinder aus sog. prekären Verhältnissen möglichst gut fördern könnte, sodass sie als Erwachsene nach Möglichkeit nicht das schwierige Schicksal ihrer Eltern teilen müssten. Dabei prallten vor allem diese beiden Ansichten aufeinander:

Ansicht A:
Die Hauptursache für prekäre Verhältnisse ist ein Mangel an Geld; denn Menschen, die unter einer geringen finanziellen Ausstattung leiden, haben nicht nur Schwierigkeiten, am gesellschaftlichen Leben teilzunehmen, da dies Geldmittel erfordert, sondern sie können auch ihre Kinder nicht in dem Maße fördern, wie es eigentlich nötig wäre und wie sie es tun würden, wenn sie eine bessere finanzielle Ausstattung hätten. Die mangelhafte Finanzkraft der Eltern hat also letztlich zur Folge, dass der Weg ihrer Kinder fast unweigerlich an den Rand der Gesellschaft führt. Die Lösung des Problems kann also nur darin bestehen, alle Mitglieder der Gesellschaft finanziell so auszustatten, dass sie für sich und ihre Kinder sorgen können. Auf diese Weise wird man erstens verhindern, dass Kinder in prekären Verhältnissen aufwachsen und zweitens, dass sie sich später als Erwachsene in derartigen Verhältnissen wiederfinden.

Ansicht B:
Nicht nur die finanziellen Verhältnisse eines Menschen entscheiden darüber, in welcher Weise dieser lebt, sondern vor allem seine Lebenseinstellung und seine Bildung, wobei diese beiden Komponenten eng zusammengehören; denn eine positive Lebenseinstellung ist nicht selten das Ergebnis einer guten Bildung, da diese die Möglichkeiten aufzeigt, das Leben positiv zu gestalten. Insofern besteht der Weg hinaus aus prekären Verhältnissen in der Vermittlung und Aneignung von Bildung. Kinder aus schwierigen Verhältnissen zu fördern und ihnen einen Weg in die Mitte der Gesellschaft zu eröffnen, kann demnach nicht anders gelingen, als sie möglichst gut zu bilden. Die hinter dieser Auffassung stehende Überzeugung besteht darin, dass die Bildung eines Menschen darüber entscheidet, welchen Platz er in der Gesellschaft einnimmt.

Aristoteles wäre vermutlich die Ansicht B wesentlich sympathischer als die Ansicht A. Der Grund dafür ist jedoch nicht im seinem eigenen sozialen Status und in seiner Herkunft als Sohn eines wohlhabenden Arztes zu suchen, aufgrund dessen er – entsprechend den Gepflogenheiten der damaligen Zeit – leider wenig Mitleid und Verständnis gegenüber Menschen empfand, die man heute als sozial schwach bezeichnen würde. Es wäre vor allem seine Anthropologie gewesen, die ihn dazu veranlasst hätte, sich der zweiten Ansicht anzuschließen: Weil Aristoteles der Meinung war, dass es nicht die äußeren Bedingungen wie Wohlstand oder sozialer Status der Eltern sind, die das Wesen eines Menschen ausmachen, sondern der menschliche Geist, ist für ihn die Bildung der Schlüssel zur Weiterentwicklung und zur Vervollkommnung des Menschen. Das begründet er so: Damit der Geist entsprechend seinem Wesen und seiner Bestimmung den Menschen zu einem vernunftgeleiteten Denken und Handeln führen und auch den menschlichen Leib in eine vernünftige Richtung lenken kann, braucht er entsprechende Anleitung und Hilfestellungen, die ihm jedoch ausschließlich durch Erziehung zuteil werden. Die Erziehung eines Menschen zielt wiederum nach aristotelischer Vorstellung unmittelbar darauf ab, den Menschen zu einem vernunftgeleiteten Wesen heranzubilden.[48]

Bildung hatte für Aristoteles freilich eine völlig andere Bedeutung als für die meisten Menschen in heutiger Zeit. Während wir unter Bildung zumeist nur das Vorhandensein von theoretischem Wissen und Kenntnissen verstehen, geht der aristotelische Bildungsbegriff weit darüber hinaus, indem er Bildung sowohl als Wissen als auch als Verknüpfung von Wissen und daraus erwachsendem (ethischen) Handeln begreift. Ich habe eine Menge Menschen getroffen, die weder Latein noch Altgriechisch gelernt hatten noch über einen akademischen Abschluss verfügten und dennoch überaus gebildet waren. Sie waren es deswegen, weil sie nicht nur im Rahmen ihrer Möglichkeiten sich erfolgreich Wissen angeeignet hatten, sondern weil sie in der Lage waren, dieses sowohl praktisch als auch ethisch zur Anwendung zu bringen. Diese Form von Bildung war in früheren Generationen noch sehr viel häufiger vorhanden als in heutiger Zeit und sollte uns zum Nachdenken anregen:

Als meine Großeltern in den 50er Jahren der Nachkriegszeit in äußerst bescheidenen Verhältnissen ihr Haus bauten, mussten sie gut kalkulieren. Es war für sie völlig selbstverständlich, dass sie die Kosten für ihren Lebensunterhalt so begrenzen mussten, dass ihnen noch genug Geld für den Abtrag ihres Hauses zur Verfügung stand. Doch diesen Verzicht übten sie gerne, weil sie wussten, wofür sie dies taten. Und so hatten sie bereits nach wenigen Jahren des Sparens und der Konsumzurückhaltung (und nicht zuletzt auch aufgrund der ab Mitte der 50er Jahre des letzten Jahrhunderts stark ansteigenden Löhne) ihr Haus relativ schnell abgezahlt. Ihre gute Kalkulation (= Wissen, dass man sein Geld nur einmal ausgeben kann) und ihr den eigenen finanziellen Möglichkeiten angepasster Lebensstil (= ethisches Handeln, das aus dem Wissen hervorgeht) hatte ihnen den erhofften Erfolg beschert.

---

48 Vgl. hierzu T. Hoyer: Tugend und Erziehung. Die Grundlegung der Moralpädagogik in der Antike, 2005.

Auch wenn man aus der Geschichte des Hausbaus meiner Großeltern keinen Verhaltensautomatismus ableiten kann, da das Leben trotz aller gut gemeinten und ernsthaft betriebenen Anstrengungen nicht selten anders abläuft, als man es geplant hatte, gibt es doch ein paar vernünftige, Erfolg versprechende Prinzipien, die man aus dieser Geschichte gewinnen kann und denen zu folgen sich durchaus lohnt. Zu diesen Prinzipien gehört <u>erstens</u> die Vergewisserung, dass das angestrebte Ziel sowie das damit verbundene Handeln vernünftig sind. Im Blick auf den Hausbau meiner Großeltern ist zu sagen, dass sie keine andere Wahl hatten als sich ein eigenes Haus zu bauen, da ihre Elternhäuser an ihre älteren Geschwister übergegangen waren. Ihr Vorhaben, sich etwas Eigenes zu schaffen, war insofern durchaus vernünftig. Gleiches gilt für ihr sparsames Wirtschaften im Zusammenhang mit ihrem Hausbau. Auch dies war angesichts des geringen Einkommens meiner Großeltern auf jeden Fall sinnvoll. <u>Zweitens</u> kann man aus der Hausbaugeschichte lernen, dass es bei gemeinsam betriebenen Projekten unbedingt darauf ankommt, einheitlich zu handeln; denn nur so kann man erfolgreich sein. Und meine Großeltern waren sich einig! Beide hatten sich zu einem sparsamen Wirtschaften entschlossen und beide hielten sich an diesen Vorsatz. <u>Drittens</u> kann man den zeitlich begrenzten Verzicht als Erfolg versprechendes Prinzip anführen, den meine Großeltern bereitwillig übten, um ein höheres Ziel bzw. einen höheren Genuss erlangen zu können, der darin bestand, einmal schuldenfrei im eigenen Haus wohnen zu können. Auch wenn dieses Prinzip ein wenig an Hedonismus erinnert, hätte es Aristoteles durchaus unterstützt. Allerdings hätte er erwartet, dass es nur dann gültig sein darf, wenn die Voraussetzungen erfüllt werden, dass die nach diesem Prinzip lebenden Menschen nicht ihre vernunftmäßige Bestimmung aus dem Blick verlieren, durch die sie sich ja als Menschen wesensmäßig auszeichnen, und dass sie folglich nicht den Hedonismus zu ihrem obersten Prinzip erheben.

Heutigen Schülergenerationen sind die genannten drei Prinzipien, insbesondere die Ausrichtung an vernünftigen Zielen und die Bereitschaft zum Verzicht nicht so fremd, wie man gemeinhin vielleicht annehmen möchte. Es lassen sich jedoch erhebliche Unterschiede in dem Verhalten zwischen der Gruppe der eher erfolgreichen und der eher weniger erfolgreichen Schüler ausmachen. So feiert die erste Gruppe zwar ebenso gerne wie die zweite, und auch im Blick auf die Intensität ihrer Partys ähneln sich die beiden Gruppen. Doch hinsichtlich des richtigen Zeitpunkts für das ausgelassene Vergnügen unterscheiden sie sich ganz erheblich voneinander: Für die eher erfolgreichen Schüler kommt eine Teilnahme an Partys niemals in einer Phase in Frage, wenn sich Klausuren häufen, und schon gar nicht mitten in einer Schulwoche, sondern nur dann, wenn alles geschafft ist und ausreichend Zeit für das Vergnügen vorhanden ist. Dann werden die Anstrengung und der Verzicht dadurch belohnt, dass man sich der angenehmen Seite des Lebens zuwendet, der man sich für eine begrenzte Zeit abgewandt hatte. Schüler jedoch, die ihr Leben als eine einzige Partymeile betrachten, differenzieren in ihrem Verhalten kaum oder gar nicht zwischen Zeiten, die sich durch schulische Belastungen auszeichnen und solchen, die davon eher frei sind. Deswegen können die Schüler dieser Gruppe auch kaum einen solchen schulischen Erfolg verbuchen wie die zuerst genannte Gruppe. Dazu fehlen ihnen die notwendigen Tugenden.

Tugenden fallen nicht vom Himmel, sondern man muss sie sich aneignen. Und Pädagogen sind gehalten, ihre Schützlinge zu tugendhaftem Verhalten zu erziehen. Denn nur so können diese erfolgreich sein. Beispielhaft sei hierfür die Unterstützung beim Erlernen von Vokabeln einer Fremdsprache durch die Fremdsprachenlehrer genannt:

Von Natur (Aristoteles: φύσις) aus sind die meisten durchschnittlich begabten Schüler in der Lage, eine Fremdsprache zu erlernen, und sie sind auch fähig, sich die dafür erforderlichen Vokabeln einzuprägen. Da gute Vokabelkenntnisse für das Beherrschen einer Sprache elementar sind, ist es verständlich, wenn ein Fremdsprachenlehrer darauf ein besonderes Augenmerk legt und wenn er seinen Schülern darüber hinaus verdeutlicht, dass es keinesfalls ausreichend ist, nur gelegentlich, etwa anlässlich angekündigter Vokabeltests, neue Vokabeln zu lernen.

Denn nur wer regelmäßig die bereits gelernten Vokabeln wiederholt, wird sie sich langfristig im Gedächtnis einprägen. Aristoteles würde deswegen sagen, dass es ein Akt der Vernunft – also des λόγος – ist, fortwährend Vokabeln zu lernen.

Nun weiß aber jeder, der als Schüler selbst einmal eine Fremdsprache erlernt hat, dass man gerne die lästige Anstrengung des Vokabellernens vermeiden möchte und versucht, diese Pflicht nach Möglichkeit so lange wie möglich aufzuschieben. Da nun aber kein Weg am Vokabellernen vorbeiführt, ist es hilfreich, sich gute Gewohnheiten (Aristoteles: ἔθος) anzueignen, die einem dabei helfen können, regelmäßig neue Vokabeln zu lernen und alte zu trainieren. Hier kommt nun die Bedeutung des Pädagogen ins Spiel. Unser deutsches Wort ‚Pädagoge' kommt ursprünglich von dem griechischen Wort παιδαγωγός, das sich aus den beiden griechischen Worten παῖς, dt. „Kind" oder „Knabe", und ἄγω, dt. „ich führe", zusammensetzt und in seiner ursprünglichen Bedeutung „Kinderführer" oder aber auch „Knabenführer" bedeutet. Lehnt man sich nun an diese Bedeutung an, so sollte der als Fremdsprachenlehrer tätige Pädagoge in Ausübung seines Dienstes als „Kinder- oder Knabenführer" seinen Schülern nicht nur die Sinnhaftigkeit des Vokabellernens verdeutlichen und ihnen nützliche Lerntipps weitergeben, sondern außerdem auch Gewohnheiten in seinem Unterricht kultivieren, die die Schüler zum regelmäßigen Lernen anspornen. Dazu könnte es beispielsweise gehören, dass er die Vokabelkenntnisse seiner Schüler regelmäßig überprüft, gute Vokabelkenntnisse lobt, durch unangekündigte Tests zum regelmäßigen Lernen anspornt und fehlende Vokabelkenntnisse tadelt. Es ist sicherlich deutlich, dass ein Pädagoge, der seine Tätigkeit in dieser Weise ausübt, unweigerlich auch in das Aufgabenfeld eines Tugendlehrers hinübergleitet, der seine Schützlinge dazu anleitet, kontinuierlich, fleißig und selbstständig ihre Pflichten als Schüler zu erledigen.

An dieser Stelle sei entschlossen den heutigen „Popstars der Schulkritik"[49] widersprochen, die sich gegen die Kultivierung von lernfördernden Tugenden wenden und stattdessen eine neue Schulrevolution verkünden. Gemeint sind: Gerald Hüther, Richard David Precht und Jesper Juul. Diese drei behaupten, dass Kinder von Natur aus eine große Motivation zum Lernen hätten, die jedoch an den meisten öffentlichen Schulen durch eine mangelhafte, zu wenig schülerorientierte Pädagogik gedämpft oder gar vollständig zum Erliegen gebracht würde. Wegen der natürlich vorhandenen Motivation zum Lernen sei es pädagogisch verfehlt, wenn öffentliche Schulen ihre Schüler bei Lernschwierigkeiten zur Veränderung ihrer Lerneinstellung anspornten, statt die eigenen pädagogischen Konzepte so zu gestalten, dass diese zu den Schülern passten. Schulen müssten alles dafür tun, dass die natürliche Lernmotivation ihrer Schüler erhalten bliebe. Denn diese allein sei der Weg, schulische Erfolge zu erreichen.

Es ist unschwer erkennbar, dass Hüther, Precht und Juul ein Menschenbild und ein damit kompatibles pädagogisches Konzept propagieren wollen, das mindestens bis zu Jean-Jacques Rousseaus *Émile* zurückreicht, wahrscheinlich aber sogar bis zu Platon und seiner Lehre von der *Mäeutik*, die übrigens nichts anderes ist als die auf das Fach Philosophie angewandte Hebammenkunst. Denn für Platon beschränkt sich die Aufgabe des Lehrers darauf, durch geschicktes Fragen und Nachfragen das aus einem Schüler ‚herauszulocken', was schon immer tief und verborgen in diesem schlummert. Damit verhält sich der Lehrer genauso wie die Hebamme, die das ungeborene Kind aus dem Leib seiner Mutter entbindet, ohne selbst für die Existenz des Kindes gesorgt zu haben.[50] Die pädagogische Intention Platons im

---

49 M. Spiewak: Art. „Die Stunde der Propheten. Bestsellerautoren verkünden die Schulrevolution, allen voran der „Hirnforscher" Gerald Hüther. Mit Wissenschaft hat das alles nicht viel zu tun", in: Die Zeit, 29. August 2013, Nr. 36, S. 33.

50 Der Vergleich zwischen der Hebammenkunst und dem Lehrer hinkt freilich an einer Stelle: Im Unterschied zur dem von jeher im Geist eines Menschen vorhandenen Wissen ist ein ungeborenes Kind vor seiner Geburt nicht schon immer im Leib seiner Mutter existent!

Blick auf seine Lehre von der Mäeutik ist jedoch eindeutig: Sie besteht darin zu zeigen, dass zunächst ausschließlich der Lehrer die Verantwortung für den Lernerfolg seiner Schüler trägt, da es an ihm liegt, die richtigen Fragen an seine Schüler zu richten. Die Schüler dürfen sich in dieser Phase des Unterrichts entspannt zurücklehnen, da alle Aktivität von ihrem Lehrer ausgeht. Erst in einer zweiten Phase, in der sie gehalten sind, auf die Fragen ihres Lehrers zu reagieren, müssen sie selbst aktiv werden.

Im Unterschied zu seinem Lehrer Platon vertrat Aristoteles die Auffassung, dass kein Mensch über ein angeborenes, verborgenes Wissen darüber verfüge, wie man zur Eudaimonia finde und wie man ein dieses Ziel unterstützendes tugendhaftes Leben führe. Deswegen laufe jeder von Lehrern unternommene Versuch, Schüler ausschließlich durch Fragen und Nachfragen zu erziehen, ins Leere. Es müsse seitens der Lehrer vielmehr die Anstrengung unternommen werden, den ihnen anvertrauten Schülern Fähigkeiten und Kenntnis zu vermitteln und sie zu einem tugendhaften Leben zu erziehen.

Wer heutzutage an Schulen unterrichtet, wird selbst bei der Aufbietung des größten persönlichen Wohlwollens gegenüber seinen Schülern feststellen, dass Aristoteles mit seiner Auffassung gegenüber der Platons im Recht war. Die Vorstellung, dass Pädagogen nur den Geist ihrer Schüler in korrekter Weise und mit den richtigen Fragen ansprechen müssen, sodass sich bei diesen Lernerfolge einstellen, ist ein pädagogischer Wunschtraum, der wohl schöner zu träumen ist, als dass sich Lehrer und Schüler hierfür mitunter schweißtreibenden Anstrengungen hingeben müssen. Zu Recht schreibt Bernhard Bueb, der langjährige Schulleiter der Eliteschule Schloss Salem: „Wir müssen wieder zu der alten Wahrheit zurückkehren, dass nur der den Weg zur Freiheit erfolgreich beschreitet, der bereit ist, sich unterzuordnen, Verzicht zu üben und allmählich zu Selbstdisziplin und zu sich selbst zu finden"[51]. Und selbst Richard D. Precht gelangt im zweiten Teil

---

[51] B. Bueb: Lob der Disziplin. Eine Streitschrift, 2009, S. 40.

seines Buches *Anna, die Schule und der liebe Gott*, (2013), nachdem er
– sich selbst als einsamer Kassandrarufer sehend – auf den ersten 160
Seiten den Notstand des staatlichen Schulsystems in düsteren Farben
heraufbeschworen hat, zu der Einsicht: „… Und genau diese Fähigkeit
zu Selbstkontrolle und Selbstregulation spielt eine erhebliche Rolle bei
jedem längerfristigen Lernerfolg. Dinge zu lernen und zu verstehen,
die man lernen soll, ist nicht immer lustvoll. Und ohne Mühe und
Disziplin gelangt man selten zum Erfolg."[52]

Wie bereits festgestellt, geschieht die Befolgung von Tugenden nach
Aristoteles nicht aus einem Selbstzweck heraus, sondern aus Gründen der Vernunft. Es ist vernünftig, sich tugendhaft zu verhalten, da
ein solches Verhalten nicht selten den Schlüssel für das Erreichen
vernünftiger Ziele darstellt. Ein Schüler, der sich um die Befolgung
der wichtigsten Sekundärtugenden müht, hat große Chancen, selbst
bei mittelmäßiger oder unterdurchschnittlicher Begabung zu einem
schulischen Erfolg zu gelangen. Deswegen sollten sich Lehrer nicht
nur als Vermittler von Wissen verstehen, sondern durchaus auch als
Tugendlehrer.

Sich tugendhaft (und damit vernünftig) zu verhalten, hat für Aristoteles auch eine politische Dimension, da man die Ernsthaftigkeit
des Strebens nach Tugendhaftigkeit an der Gestalt des Staates ablesen
könne. Dies ist ein interessanter Gedanke, den man im Blick auf die
eigene Schülerschaft unbedingt überprüfen sollte, selbst wenn man
nicht das Fach Politik unterrichtet:

Bei der Betrachtung der heutigen Schülergeneration fällt auf, dass
sie insgesamt entweder nur wenig oder gar kein politisches Interesse
aufweist[53] und zudem gesellschaftlich weitgehend angepasst lebt, was

---

52 R. D. Precht: Anna, die Schule und der liebe Gott. Der Verrat des Bildungssystems an unseren Kindern, 2013, S. 210.
53 Vgl. Shell Deutschland Holding (Hg.): Jugend 2010. Eine pragmatische Generation behauptet sich, 2010.

ihr die verächtlichen Bezeichnungen „Generation Y" oder „Generation Merkel" eingebracht hat.[54] Es stellt sich nun die Frage, woher ihr Desinteresse an politischen Themen und Fragestellungen kommt. Dass hierfür – wie von einigen Pädagogen und auch von Politikwissenschaftlern vermutet – negative Erfahrungen mit der Politik oder Enttäuschungen durch Politiker verantwortlich sind, ist wenig glaubhaft. Denn wie sollten die Schüler von der Politik enttäuscht worden sein, wenn sie kaum bewusste Begegnungen mit der Politik hatten und infolgedessen höchst selten in Situationen geraten sein können, in denen sie von der Politik enttäuscht werden konnten! Aristoteles sieht in dem Desinteresse an der Politik eher einen Mangel an ethischer Reife als einen Beleg für die Politikmüdigkeit junger Bürgerinnen und Bürger. Freilich gründet sich seine Sichtweise nicht auf eigenen empirischen Untersuchungen politisch aktiver oder passiver Zeitgenossen, sondern auf der von ihm vorgenommenen, philosophisch motivierten Bestimmung des Verhältnisses von Vernunft, Ethik und Staatslehre, was seine Bewertung des Desinteresses an der Politik subjektiv gefärbt erscheinen lässt. Dazu kommt noch, dass die Ursachen für die Einstellungen der heutigen Schülergeneration gegenüber der Politik oft vielfältiger Art sind und vereinfachte, monokausale Erklärungen zu einem fehlenden Interesse an der Politik immer deutlich zu kurz greifen. Dennoch enthält die aristotelische Erklärung, dass eine mangelnde ethische Reife für die politikferne Haltung verantwortlich sei, einige wertvolle und bedenkenswerte Aspekte, die sich hervorragend auch auf das Gros der heutigen Schülerschaft anwenden lassen. Diese Aspekte treten vor allem dann hervor, wenn man die politischen Zustände unserer modernen Gesellschaft ‚herunterbricht' auf einfache Verhältnisse, in denen atavistische Denkstrukturen vorherrschen, die jedoch nicht selten auch im politischen Leben moderner Gesellschaften archetypisch anzutreffen sind:

Wenn mehrere Menschen an einem einsamen, bisher unbewohnten Ort in geordneter Weise zusammenleben wollen, kommen sie nicht

---

54 Vgl. U. März: Art. „Nehmt sie ernst!", in: Die Zeit, 8. Januar 2015, Nr. 2, S. 46.

umhin, sich für ihr Zusammenleben bestimmte Regeln zu geben und dafür zu sorgen, dass diese auch eingehalten werden. Auch müssen sie miteinander die für das Gemeinschaftsleben sehr grundlegende Frage besprechen, ob sie bereit sind, auf eine vollständige und konsequente Ausübung ihrer natürlichen Rechte – das sind z. B. das Recht auf absolute Freiheit, auf uneingeschränkte Selbstbestimmung u. a. – zugunsten des gemeinschaftlichen Zusammenlebens zu verzichten. Denn wäre eine größere Anzahl ihrer Mitglieder nicht dazu bereit, so wäre ein geordnetes gesellschaftliches Zusammenleben nicht möglich. Wie sollte dies auch funktionieren, wenn sich Etliche das Ziel eines total selbstbestimmten Lebens auf ihre Fahnen schrieben oder darauf beharrten, ihr Leben absolut frei und ohne jegliche Rücksicht auf ihre Mitmenschen gestalten zu wollen? Dann wäre es nötig, über die Form des Zusammenlebens nachzudenken. Hierbei gilt zu beachten: Je enger man zusammenlebt, je größer die wirtschaftliche und soziale Abhängigkeit voneinander ist und je organisierter die gewählte Lebensform ist, desto höher ist der ethische Anspruch an jedes einzelne Mitglied einer Gesellschaft und desto katastrophaler für die Gesellschaft insgesamt, wenn Einzelne ein angemessenes sozialethisches Verhalten vermissen lassen. Doch wann ist ein sozialethisches Verhalten angemessen? Dann, wenn es dauerhaft einen positiven Beitrag zum Gelingen einer Gesellschaft leistet! Ein solches Handeln allerdings als rein altruistisches begreifen zu wollen, wäre schon deswegen verfehlt, weil von einer gut funktionierenden und auf einem hohen ethischen Niveau befindlichen Gesellschaft auch der profitiert, der sich für sie eingesetzt. Insofern ist das sozialethische Engagement des Einzelnen nicht nur, wie Aristoteles richtig bemerkt, ein durchaus lobenswerter Ausweis seiner persönlichen ethischen Reife, sondern es ist auch ein vernünftiges Handeln zugunsten seines eigenen Wohlergehens. Umgekehrt ist die politikferne Haltung eines Menschen ein Beleg für seine fehlende ethische Reife – womit die eingangs zu dieser Thematik angeführte These des Aristoteles verifiziert wäre.

Unweigerlich wird man bei diesen Überlegungen an die bereits am „Samstag" im Rahmen der didaktischen Propädeutik angeführte These des ehemaligen Bundesverfassungsrichters Böckenförde erinnert, wonach unser freiheitlicher, säkularisierter Staat auf moralische Voraussetzungen angewiesen sei, die er selbst nicht garantieren könne. Diese Voraussetzungen, ohne die keine Demokratie möglich sei, müssten die Bürger selbst mitbringen, damit ein freiheitlicher und säkularisierter Staat funktionieren kann. Inhaltich ist hierbei an bestimmte Tugenden zu denken, vor allem an die Bereitschaft zur Übernahme von Verantwortung, an Solidarität, Ehrlichkeit und Gemeinsinn. Würde ein Staat seinen Bürgern diese Tugenden verordnen, so gründete sich ein solcher Staat nicht mehr auf dem Fundament einer freiheitlichen Grundordnung, sondern er wäre eine Diktatur. Was bedeutet nun das Postulat des Staates, dass für das Gelingen der freiheitlich-demokratischen Staatsidee bürgerliche Tugenden notwendig seien, für die Schule?

Erstens sollte sich die Schule dessen bewusst werden, dass sie in Wahrnehmung ihres Bildungs- und Erziehungsauftrages immer auch eine ethisch-moralische Erziehung leistet – und zwar mehr oder weniger in allen Fächern. Zuerst ist dabei an die Fächer Religion, Ethik und Philosophie zu denken, bei denen die Themen ‚Moral' und ‚Ethik' zu den Kernthemen gehören. Aber auch im Sportunterricht geht es um die Beachtung und Einhaltung von sozialen Regeln und um Fairness – und damit um Moral. Dann wären der Geschichts- und Politikunterricht zu nennen, in denen vergangenes oder aktuelles Verhalten moralisch bewertet wird, sowie der Wirtschafts- und der Technikunterricht, in denen besonders das Thema ‚moralische Verantwortung' von großer Wichtigkeit ist. Und schließlich ist der Unterricht in den Naturwissenschaften anzuführen, in dem über die moralische Verpflichtung der Naturwissenschaften (z. B. Atomtechnologie, Gentechnik u. a.) nachgedacht wird.

Ein besonders gelungenes Beispiel für die ethisch-moralische Erziehungsarbeit der Schule ist das „Compassion-Projekt", das die Schulstiftung der Diözese Freiburg als Projekt des sozialen Lernens vor etlichen Jahren durchgeführt hat. Dazu arbeiten die Schüler im Rahmen eines zweiwöchentlichen Praktikums in verschiedenen sozialen Einrichtungen, wobei das Praktikum in unterschiedlichen schulischen Fächern vor- und nachbereitet wird. Das Projekt, das wissenschaftlich untersucht wurde und das inzwischen verschiedentlich Vorbild für andere Initiativen wurde, zielt darauf ab, die soziale Sensibilität von Schülern, insbesondere ihre Solidarität, Kooperationsfähigkeit, Kommunikation und ihr Engagement, zu stärken, was tatsachlich auch gelungen ist, wie sich durch die wissenschaftlichen Belege nachweisen lässt.[55]

Zweitens sollte sich die Schule an die Aufgabe machen, ihren Schülern zu verdeutlichen, dass es a) keine einzige Handlung gibt, die entweder in individualethischer oder aber in sozialethischer Hinsicht absolut wertfrei ist, und dass b) die moralische Reife einzelner Menschen, Menschengruppen oder auch einer gesamten Gesellschaft kein Zustand ist, der im Verborgenen bleibt, sondern der sich in den unterschiedlichen Institutionen des Zusammenlebens manifestiert (wie etwa im Leben einer Familie, eines Dorfes, einer Stadt oder in einem Staat) und dadurch anschaulich wird. Gleichermaßen wie die moralische Reife tritt auch die moralische Unreife von Menschen zu irgendeinem Zeitpunkt äußerlich sichtbar zutage. Denn Situationen, die mehrere Handlungsmöglichkeiten zulassen, enthalten immer auch die Möglichkeiten, entweder unmoralisch oder moralisch wenig niveauvoll zu handeln oder aber das eigene Handeln gänzlich zu verweigern. Dadurch aber können Handlungen auch zu Zeugnissen für die moralische Unreife eines oder mehrerer Menschen werden. Ein besonders deutlicher Ausdruck von moralischer Unreife ist etwa dann gegeben, wenn sich Menschen aus den Entscheidungsprozessen, die für ein gutes und organisiertes Zusammenleben einer Gemeinschaft notwendig sind, herausziehen oder wenn sie sich Anfragen, an der Lösung politischer Probleme mitzuwirken, entziehen. Aus aristotelischer Sicht ist ein solches Verhalten deswegen ein Ausdruck moralischer Unreife und damit ethisch verwerflich, da man sich aus der Verantwortung stiehlt, in die man als Mitglied einer Gesellschaft ungefragt hinein-

---

55 Vgl. L. Kuld u. S. Gönnheimer: Compassion – Sozialverpflichtetes Lernen und Handeln, 2000, sowie Ders.: Compassion – raus aus der Ego-Falle, 2003.

stellt ist, und da man die politische Arbeit auf andere abschiebt. Die Folgen eines solchen Rückzugs aus der Politik können äußerst negativ sein: Vielleicht wird dadurch bewirkt, dass Kräfte in der Politik zum Zuge kommen, die sonst nicht oder weniger stark an Einfluss gewonnen hätten. Oder es entstehen gänzlich ungerechte politische Systeme, die niemals entstanden wären, wenn man sich – statt sich zurückzuziehen – aktiv für andere, gerechtere politische Gestaltungsweisen eingesetzt hätte. Unter Umständen hat man, verschuldet durch eigene moralische Unreife, nicht nur sein eigenes Wohl, sondern auch das seiner Mitmenschen auf dem ‚politischen Gewissen'.

Dies ist der Grund dafür, dass nach Auffassung des Aristoteles ein fehlendes politisches Interesse oder Engagement niemals eine ethisch neutrale Haltung sein kann. Ethische Überzeugungen müssten sichtbar werden, wenn man von ihnen überzeugt sei. Erst dann könnten sie überhaupt erst als echte Tugenden gelten. Außerdem seien sie, wenn sie allein im Inneren eines Menschen blieben, reichlich nutzlos. Man müsse schon sein Handeln durch sie bestimmen lassen, damit andere Menschen und evtl. auch der Handelnde selbst von ihnen profitieren können. Und schließlich werde auch das Ansehen der einzelnen ethischen Tugenden gesteigert, wenn diese in der Politik oder in anderen Handlungsfeldern des Menschen Gestalt annähmen und so viele Menschen die Möglichkeit hätten, den überragenden Nutzen tugendhaften Verhaltens mit eigenen Augen zu beobachten. Vielleicht werde auf diese Weise auch manch ein eher zurückhaltendes Mitglied einer Gesellschaft dazu angespornt, ebenfalls entsprechend der vorbildhaft gelebten ethischen Überzeugungen tugendhaft zu handeln.

Hinter all diesen Überlegungen des Aristoteles verbirgt sich die Ansicht, dass das politische Engagement und die ethische Einstellung eines Menschen zwei menschliche Agenzien sind, die sich wesenhaft kaum voneinander unterscheiden, sodass man gar von einer inneren Kongruenz zwischen den ethischen Überzeugungen eines Menschen und dessen äußerer Erscheinung im Bereich der Ethik und auf dem

Feld der Politik sprechen kann.⁵⁶ Diese Kongruenz zwischen Ethik und politischem Engagement immer wieder neu bei einzelnen Menschen sowie innerhalb von Gruppen oder Gesellschaften oder innerhalb von Staaten zu entdecken, macht neben der Frage, worin tugendhaftes Verhalten in der aktuellen zeitgeschichtlichen und politischen Lage besteht, nicht zuletzt den Reiz einer Beschäftigung mit der aristotelischen Philosophie aus. Heutige Schülergenerationen können sich von den aristotelischen Überlegungen zu Ethik und Politik inspirieren lassen, wenn sie sich berechtigterweise fragen, weshalb sie sich politisch engagieren sollen und welchen Sinn es hat, sich für die Befolgung einer tugendhaften Lebensweise zu entscheiden.

Beispiele für die unterrichtliche Umsetzung der aristotelischen Anthropologie, Ethik und Staatsphilosophie:

a) im Politikunterricht mit dem Unterrichtsthema „Die Demokratie der Bundesrepublik Deutschland"
   (vgl. hierzu: Anstöße Politik. Berufliche Schulen, hrsg. von Siegfried Jörg und Gunter Ehnert, verfasst von Gunter Ehnert u. a., Stuttgart u. a. 2010, S. 126–149)
   – Das Thema „Die Demokratie der Bundesrepublik Deutschland" wird entfaltet, indem zunächst mehrere **Wesenselemente der Demokratie** zusammengetragen werden und anschließend der Versuch unternommen wird, den Begriff der Demokratie zu definieren.
   – Dann werden mehrere wichtige **Institutionen** der Demokratie wie z. B. das Bundesverfassungsgericht, die Bundesregierung, der Bundespräsident u. a. vorgestellt und ihre Bedeu-

---

56 Interessant ist in diesem Zusammenhang das Plädoyer des früheren Bundestagspräsidenten Wolfgang Thierse für ein religiös begründetes Engagement im Staat, vgl.: W. Thierse (Hg.): Religion ist keine Privatsache, 2000. In eine ähnliche Richtung wie Thierse tendiert der frühere bayrische Ministerpräsident und bekennende Protestant Günther Beckstein, der in seinem Buch „Die Zehn Gebote. Anspruch und Herausforderung" (2012) aufzeigt, dass ein gelebter christlicher Glaube nicht ein Ausdruck lebendiger Spiritualität sei, sondern dass er auch eine eminente politische Dimension habe.

tung für die Demokratie erklärt, was dann zu der Frage führt, was die **Gewaltenteilung** in der Demokratie ist und wie sie funktioniert.
- Schließlich wird erläutert, wie die Mitglieder des Deutschen Bundestages gewählt werden und wie die von ihnen beschlossenen **Gesetze** zustande kommen.
- Die Frage der **Bürgerbeteiligung** bei dem Zustandekommen von Gesetzen wird in einem gesonderten Kapitel diskutiert, in dem es um das Thema „Pro und Kontra Volksentscheid" (S. 138–139) geht.
- Das für das aristotelische Staatsverständnis zentrale Element des **aktiven Mitglieds einer Gesellschaft**, das sich aus einem **vernunftgeleiteten Menschenbild** heraus für die **Belange des Gemeinwesens** einsetzt, wird – ohne dass ein expliziter Bezug zu Aristoteles hergestellt wird – in dem Kapitel „Aktiv sein für andere? Politisches Interesse und Engagement" (S. 140–141) behandelt.
- Die Kapitel „Am Rande der Demokratie. Rechtsextremismus unter Jugendlichen" (S. 142–143) und „Jenseits der Demokratie. Parteienverbot als Lehre aus der Geschichte" (S. 144–145), die zum Abschluss des Unterrichtsthemas behandelt werden, sollen von den Schülern sowohl als **Mahnung** aufgefasst werden, die möglichen **Konsequenzen einer politischen Passivität** zu bedenken, als auch als **Ermutigung**, die in unserem Land vorhandenen **Möglichkeiten zur aktiven Bürgerbeteiligung** aktiv zu nutzen, zumal die Demokratie mit ihrer politischen Parteienlandschaft dem Staat erhebliche Kosten verursacht (vgl. Schlusskapitel: „Wer soll das bezahlen? Parteienfinanzierung in Deutschland", S. 146–147).

b) im Englischunterricht mit dem Unterrichtsthema „All in the Family"

(vgl. hierzu: New Context, Ausgabe B, hrsg. von Hellmut Schwarz, erarb. von Barbara Derkow Disselbeck u. a., Berlin 2009, S. 20–35)

- Es ist nachvollziehbar, dass die Beschäftigung mit dem Thema ‚Familie' im Englischunterricht nicht primär aus einer **gesellschaftswissenschaftlich-erzieherischen Absicht** geschieht, sondern um den Schülern einen Anlass zu bieten, die englische Sprache einzuüben. Da jedoch jeder Schüler einer Familie entstammt, ist er unweigerlich in die Situation gestellt, sich mit dieser Thematik auseinanderzusetzen und dabei die **eigene Einstellung** zum Themenfeld ‚Familie' zu überdenken und ggf. zu korrigieren.
- Zunächst sollen die Schüler Mindmaps erstellen, in denen sie stichpunktartig darlegen, was ihrer Auffassung nach unter dem Begriff ‚Familie' zu subsummieren ist. Dabei sollen sie sich durch die Familiendarstellung von Norman Rockwell (S. 21) und durch mehrere provokante Überschriften wie „Mother abandons baby", „Single parent families on the increase", „More fathers take paternity leave" (S. 20), die den Schülern zur Verfügung gestellt werden, anregen lassen.
- Eine Beschäftigung mit dem Text „The Trouble with Mother" (S. 25) kann bei den Schülern zusätzlich ihr Interesse an einer Auseinandersetzung mit dem Thema ‚Familie' steigern, da sie durch den Text möglicherweise an ihre eigenen **Konflikterfahrungen** mit ihren **Eltern** und **Erziehern** erinnert werden.
- Das Gedicht „This Be the Verse" (S. 26) sowie die Texte und Statistiken zu „Households and Families: 1990 und 2000" (S. 28–30) können den Schülern dabei helfen, ein tieferes **Verständnis** für den **gesellschaftlichen** wie auch den **persönlichen Wert** von ‚Familie' zu gewinnen.
- Der in **ethischer** sowie in **sozialethischer Hinsicht** interessante Zielpunkt des Unterrichtsthemas wird in dem Kapitel 4 „Family Life" erreicht, wenn ausgehend von den Texten „Giving Thanks" (S. 31–33) und „Taking Responsibility" (S. 33) die Frage nach der eigenen **Bereitschaft zu ethischem Handeln** und damit die nach dem Willen zur **Übernahme von Verantwortung** innerhalb und zugunsten der eigenen Familie aufgeworfen wird. In Anlehnung an die aristotelische

These, dass ethische Überzeugungen niemals nur in einem rein geistigen Zustand verbleiben, sondern stets auch anschauliche und greifbare Formen annehmen, in denen Menschen miteinander leben können, werden die Schüler in dieser Phase des Unterrichts herausgefordert, eigenständige Überlegungen zur **Mitgestaltung** ihrer Familie anzustellen. Dabei sollen sie begreifen, dass es keinesfalls als ethisch legitim gelten kann, sich im Blick auf das Leben der eigenen Familie rein passiv zu verhalten.

Die aristotelische Ethik und insbesondere der Gedanke, dass es im Sinne der Eudämonie vernünftig ist, wenn sich ein Mensch tugendhaft verhält, kann Schülern hervorragende Anregungen zum Nachdenken über das eigene Handeln bieten, und das selbst dann, wenn die Schüler den aristotelischen Eudämoniegedanken für sich selbst verwerfen, weil sie andere Vorstellungen davon haben, was Glück ist, und deswegen auch andere ethische Leitgedanken als die aristotelischen favorisieren. Der Reiz der aristotelischen Ethik liegt insbesondere darin, dass sie Ethik, Politik, Streben nach Glück und ein rationales Menschenbild miteinander verbindet, ohne jemals den Versuch zu unternehmen, ethische oder politische Musterlösungen für Konfliktfälle zu konstruieren. Dies unterlässt sie vor allem deswegen, weil sie selbst keine eindeutigen Auskünfte darüber geben kann, was vernünftige Handlungsweisen in konkreten Situationen – seien es solche im eigenen Leben, in der Familie oder auch im Staat – sein könnten. Möglicherweise mag dies auf den ersten Blick unbefriedigend und ungenügend auf pubertierende Schüler wirken, denen handfeste Antworten nicht selten lieber sind als anregende Fragen, mit denen sie sich herumschlagen müssen. Der aristotelische Verzicht auf Musterlösungen hat aber auch eine positive Kehrseite, die darin besteht, dass Aristoteles auch heute noch in einer gegenüber der Antike vollkommen veränderten Welt mit seiner Ethik zum Nachdenken anregen kann. Und nicht viel mehr, aber auch nicht viel weniger ist beabsichtigt, wenn hier Aristoteles als pädagogischer Gesprächspartner eingeladen ist.

7 Der Freitagnachmittag: Zeit, über den Sinn jeglicher Erziehung für ein Leben in Mikro- und Makrokosmos zu resümieren

Es war an einem Samstagvormittag. Ich saß inmitten von etwa 200 Menschen und wartete darauf, dass die Festveranstaltung endlich anfing. Die Sitzplätze waren jeweils für bestimmte Gruppen reserviert und so schaute ich mich um, in der Hoffnung, das eine oder andere mir vertraute Gesicht zu erkennen. Aber leider waren mir die Menschen um mich herum völlig unbekannt. Und so beschlich mich das Gefühl, hier gänzlich fehl am Platze zu sein. Für einen kurzen Augenblick überlegte ich, ob ich nicht einfach aufstehen und gehen sollte. Doch dann begann die Veranstaltung mit einem Musikstück und ich konnte nicht mehr weggehen, ohne größeres Aufsehen hervorzurufen. Ein freundlicher Mensch um die 50 trat schließlich ans Rednerpult und begrüßte die einzelnen Jubiläumsgruppen: die Zehnjährigen, die Fünfzehnjährigen, die Zwanzigjährigen, die Fünfundzwanzigjährigen und in Fünfjahresschritten bis zu den Fünfundsechzigjährigen. Da wurde mir mit einem Mal deutlich: Ob du willst oder nicht, Du gehörst dazu! Du bist ein Teil des Abiturjahrgangs 1985 und feierst heute dein 25jähriges Abiturjubiläum!!

Das Beklemmende hieran bestand nicht so sehr in der Tatsache, keinen einzigen Mitschüler meines Abiturjahrgangs wiedererkannt zu haben, sondern in dem unsäglichen Gefühl absoluter Unfreiheit, die es nicht zuließ, die zurückliegenden Jahre meiner Biografie zu verändern. Sie waren gelebt und standen nun da, eingerahmt in einen vergoldeten Lorbeerkranz, ohne dass jemals die Aussicht darauf bestand, das eine oder andere abändern oder gar ungeschehen machen zu können. Gesteigert wurde diese negative Empfindung noch dadurch, dass die einzelnen Jubiläumsgruppen in chronologischer Ordnung dasaßen, beginnend mit den Zehnjährigen und endend mit den Fünfundsechzigjährigen, von denen zwei zur Veranstaltung erschienen waren – ob viel mehr von ihnen überhaupt noch am Leben waren, weiß ich nicht. Ich begriff mit einem Mal, dass mein Leben so stark determiniert ist, dass ich weder dazu in der Lage war, in die Gruppe der Fünfjährigen zu wechseln, um mich auf diese Weise zu verjüngen, noch konnte ich in die nächstältere Gruppe eintreten, was ich aber auch nicht gewollte hätte.

Der existenzialistische Philosoph Martin Heidegger bezeichnet diesen Zustand des Festgelegtseins des Menschen, den ich an jenem Samstagvormittag schmerzhaft am eigenen Leibe erfahren musste, als das „Geworfensein des Menschen". Damit beschreibt er sehr plastisch, dass sich ein Mensch ohne sein Zutun in einer bestimmten zeitlichen, örtlichen, sozialen, familiären, finanziellen u. a. Ausgangssituation befindet, für die er nichts kann. Er ist in eine Situation „geworfen worden", ohne dass er zuvor befragt worden ist, ob er überhaupt mit ihr einverstanden ist. Deswegen bleibt ihm zunächst keine andere Wahl, als dass er seine Ausgangslage zunächst als gegeben akzeptiert.

Sehr häufig habe ich im Unterricht mit meinen Schülern über das hier anklingende Thema ‚Gerechtigkeit' gesprochen. Dabei herrschte bei ihnen die Vorstellung vor, dass Gerechtigkeit vor allem etwas mit ‚Haben' (oder ‚Nicht-Haben' im Sinne von ‚Besitzen' bzw. ‚Nicht-Besitzen') und mit ‚Handeln' (oder passiv: ‚Behandelt-werden') zu tun habe. Ihrer Meinung nach war es ‚gerecht' oder ‚ungerecht', wenn jemand etwas hatte (oder aber nicht hatte), oder die Art und Weise, wie jemand handelte (oder wie er behandelt wurde). Interessanterweise bestand das Gemeinsame der Begriffe ‚Haben' und ‚Handeln' für sie darin, dass beide Begriffe im Wesentlichen auf das Problem der gerechten Verteilung abhoben. Dementsprechend fiel auch ihre Begründung für diese Gemeinsamkeit von ‚Haben' und ‚Handeln' aus: Das primäre Ziel des ‚Handelns' bzw. ‚Behandelt-werdens' sei das ‚Haben' bzw. ‚Besitzen'.

Wenn nun aber Gerechtigkeit, wie hier geschehen, ausschließlich im Sinne einer Verteilungsgerechtigkeit verstanden wird, birgt ein solches Verständnis nicht nur etliche Missverständnisse in sich, sondern auch ein erhebliches Maß an inhaltlicher Eingleisigkeit. Dann wird Gerechtigkeit möglicherweise so verstanden: Wenn man so handelt, dass alle Eichhörnchen im Wald die gleiche Anzahl an Nüssen besitzen, so handelt man gerecht; denn man hat bewirkt, dass ein gerechter Zustand, nämlich der der Gleichheit, entstanden ist.

Es stellt sich nun die Frage – und die müssen sich auch die Schüler gefallen lassen, die zusammen mit mir über den Begriff der Gerechtigkeit nachdachten: Ist die Herstellung eines Zustandes der Gleichheit wirklich schon Gerechtigkeit? Lässt sich der Begriff der Gerechtigkeit tatsächlich angemessen auf die Begriffe ‚Haben' und ‚Handeln' reduzieren? Wäre es nicht notwendig, im Zusammenhang der Überlegungen zu dem Begriff der Gerechtigkeit zumindest auch über den Begriff des Rechts ausführlicher nachzudenken und ggf. auch noch die Geschichte des Rechts zu thematisieren, da doch Recht und Gerechtigkeit nicht nur begrifflich, sondern vor allem inhaltlich in einem untrennbaren Zusammenhang zueinander stehen? Hier ist freilich nicht der Raum, die Frage zu behandeln, wie eine angemessene Behandlung des Begriffs der Gerechtigkeit aussehen könnte, zumal der Anlass für die Überlegungen zu dem Begriff der Gerechtigkeit ein rein praktischer war, nämlich mein fünfundzwanzigjähriges Abiturjubiläum und die mir dabei aufgehende Erkenntnis, dass wir weder auf unsere Herkunft noch unsere Vergangenheit irgendeinen Einfluss ausüben können. Es soll deswegen genügen, ein paar wenige, die praktische Anwendung des Gerechtigkeitsbegriffs betreffende Gedanken anzustellen, in der Hoffnung, dass diese auch für den schulischen Alltag von Nutzen sein können:

Der Zustand der Gerechtigkeit ist eine Illusion. Man wird ihn niemals erreichen, weder im Reich der Tiere (im Beispiel der Eichhörnchen) noch bei Menschen und schon gar nicht bei Schülern, wenn sie sich in unterrichtlichen Situationen befinden. Denn der Zustand eines jeden Menschen hat eine bestimmte Vorgeschichte, die er nicht selbst zu verantworten hat. Es gibt keine im Leben eines Menschen festzumachende Situation, in der er die gleiche „Anzahl an Nüssen" wie alle anderen Menschen erhält. Vielmehr gründet sich das Leben auf verschiedenen rechtlichen, biologischen, soziologischen und anderen Voraussetzungen, die sich gänzlich dem Einfluss des Einzelnen entziehen. Und so kommt alles darauf an, aus diesen Situationen, in die ein Mensch „geworfen" ist, etwas zu machen. Nach Heidegger kann dies geschehen, indem man – ein wenig verkürzt gesagt – sein Leben aktiv gestaltet und bewusst mit Inhalten füllt. So gelangt man dann von der bloßen Existenz zu Essenz.

Obwohl Aristoteles einen völlig anderen philosophischen Ansatz als Heidegger verfolgt, gibt es doch beachtenswerte Ähnlichkeiten hinsichtlich der gedanklichen Zielrichtung der beiden Philosophen, auf die besonders D. Yfantis in seiner Untersuchung „Die Auseinandersetzung des frühen Heidegger mit Aristoteles" (2009) hingewiesen hat und die es rechtfertigen, hier – obwohl es vorrangig um Anregungen des Aristoteles für die Pädagogik geht – auf Heidegger zu verweisen. Diese Ähnlichkeiten bestehen vor allem darin, dass der Mensch in seiner natürlichen Vorfindlichkeit nicht so lebt, wie es seinen Möglichkeiten entspricht. Dadurch leidet die Qualität seines Seins, was Aristoteles und Heidegger jeweils unterschiedlich beschreiben: Während Ersterer der Meinung ist, dass der Mensch so die Eudämonie verfehlt, bedeutet es für Letzteren, dass der Mensch eine essenzlose Existenz führt, was schlussendlich auf das Gleiche hinausläuft.

Man mag darüber streiten, welcher philosophische Ansatz der richtige ist – der Heideggers oder der des Aristoteles. Obwohl es Heidegger vermag, mit seinem existenzialistischen Subjektivismus die Not einer essenzlosen Existenz wirkungsvoll vor Augen zu führen (und deswegen hier auch angeführt wurde!), besteht doch die pädagogische Überlegenheit der aristotelischen gegenüber der Heideggerschen Philosophie darin, mit Hilfe logischer, naturwissenschaftlicher und moralischer Fragestellungen einen für Schüler ausgesprochen anschaulichen und nachvollziehbaren Zugang zu grundlegenden Fragen der empirischen Wirklichkeit zu wählen, der leicht zu ihrem eigenen werden kann. Dies ist auch der Grund dafür, dass sowohl die konzeptionelle wie auch die inhaltliche Gestalt der aristotelischen Philosophie die Disposition dieses Buches maßgeblich bestimmte:

Den Ausgangspunkt des pädagogischen Nachdenkens am „Montag" bildete die Beschäftigung mit der aristotelischen Logik, die nach Auffassung des Philosophen alles Seiende und alles Denken begründet. Am „Dienstag" betrachteten wir dann die Natur, die in der aristotelischen Philosophie als der erste Lernort des Menschen gilt. Am „Mittwoch" schließlich beschäftigten wir uns mit den aristotelischen Überlegungen zu den Artefakten, die Aristoteles in seinen „vier Gründen des Seienden" zusammengefasst hat. Diese hatten die Form und die Stofflichkeit sowie die Wirkursache und die Zweckursache von Gegenständen zum Thema, durch das wir dazu angespornt wurden, uns am „Donnerstag" mit dem Hersteller der Gegenstände, nämlich mit dem Menschen, wie Aristoteles ihn sieht, eingehender zu befassen. Dabei wurde nicht nur – zumindest skizzenhaft – die aristotelische Anthropologie nachgezeichnet, sondern auch die Möglichkeiten der Weiterentwicklung des Menschen, insbesondere durch die Erziehung, aus der Sicht des Aristoteles aufgezeigt.

Nun, endlich am „Freitag", am Ende einer lehrreichen „Schulwoche", ist Gelegenheit, das Besprochene zusammenzufassen und praktische Konsequenzen aus der Beschäftigung mit Aristoteles für unsere Tätigkeit in der Schule ziehen. Dazu scheint es jedoch nötig, noch einmal grundsätzlich über Erziehung, insbesondere über Erziehung in der Schule zu nachzudenken und zu fragen: Weshalb erziehen wir überhaupt? Was sind dabei unsere eigentlichen Absichten und Ziele? Und schließlich: Warum verlassen wir uns bei der Erziehung wie selbstverständlich auf staatliche Einrichtungen, als sei es vollkommen einleuchtend, a) weshalb der Staat unsere Kinder unter seine „Fittiche" nehmen müsse und b) in welche inhaltliche Richtung die an staatlichen Schulen stattfindende Erziehung gehe?

Die eben geschilderten Gefühle der Unsicherheit und des Deplatziertseins zu Beginn meiner 25jährigen Abiturfeier sind vor dem Hintergrund dieser Fragen weit mehr als bloß ein emotionaler Ausdruck für das Wahrnehmen eines persönlichen Determinismus. Sie stehen vielmehr symbolhaft für die Fragen nach der grundsätzlichen Berechtigung und der Sinnhaftigkeit erzieherischer Einflussnahme auf junge Menschen.

Schon lange Zeit vor der Einführung der allgemeinen Schulpflicht betonte Aristoteles nicht nur die grundsätzliche Notwendigkeit von Erziehung, sondern auch einer solchen, die innerhalb einer institutionellen Ordnung stattfinden sollte. Freilich ist dabei zu bedenken, dass sich die damalige Gesellschafts- und Sozialordnung (man denke nur an die zahlreichen rechtlosen Sklaven und an die schwache rechtliche Stellung der Frauen und Kinder!) kaum mit der heutigen vergleichen lässt und dass unsere Vorstellung von institutioneller Ordnung ganz erheblich von der in der Antike abweicht. Um dennoch den Sinn des aristotelischen Erziehungsideals zu begreifen, ist es notwendig zu wissen, dass die Pädagogik für Aristoteles nicht zu den theoretischen Wissenschaften gehörte, die auf Logik, Notwendigkeit und Beweis basieren, sondern zu den praktischen Wissenschaften, die auf das Handeln des Menschen abzielen. Wie man aber nach Aristoteles richtig handelt, das lernten wir am „Donnerstag"!, erkennt man aus der Natur (1), durch Lehre (2) und durch Gewöhnung (3). Aus diesem Grund muss der von ihm geforderte institutionelle Rahmen, in dem junge Menschen erzogen werden sollen, gewährleisten,

- dass Naturbeobachtungen angestellt werden,
- dass aus diesen Beobachtungen nicht nur Lehren im Blick auf das Verstehen der Wirklichkeit, sondern auch für das eigene ethische Verhalten gezogen werden und
- dass die als richtig erkannten Verhaltensweisen durch kontinuierliches Praktizieren sukzessiv zu gewohnheitsmäßig praktizierten Verhaltensweisen werden.

Die aristotelische Idee einer institutionalisierten Pädagogik in der oben beschriebenen Weise ist in mehrerlei Hinsicht evident, wenn man sich vorstellt, ein Einzelner hätte sich

a) ganz allein,
b) ohne jegliche Anregung durch andere und
c) ohne dass sein Tun überwacht und er selbst von außen motiviert worden wäre,

selbst die Aufgabe gestellt,

- *erstens* einen geschärften Blick für die Gesetzmäßigkeiten der Natur zu entwickeln,
- *zweitens* aus seinen Naturbeobachtungen eine nachvollziehbare und in sich schlüssige Naturlehre und Weltsicht zu entfalten und
- *drittens* schließlich aus seinen Beobachtungen und neu erworbenen Ansichten eine diesen Entdeckungen entsprechende und auch zu seinem Wesen passende Ethik zu entwerfen.

Damit wäre der Einzelne definitiv völlig überfordert!

Um die genannten Aufgaben leisten zu können, ist der einzelne Lernende auf die Hilfe einer institutionellen Ordnung angewiesen, die wenigstens minimale formale und inhaltliche Anforderungen erfüllen muss. Allerdings ist hier nicht der Ort, über diese Anforderungen detailliert nachzudenken, zumal Aristoteles dazu selbst keine Auskunft erteilt hat. Für Aristoteles ist die Einrichtung einer institutionellen

Ordnung, die bei uns i. d. R. die staatlichen Schulen darstellen, deswegen wichtig, weil sie der Ort ist, an dem jungen Menschen durch die Vermittlung theoretischer Kenntnisse, praktischer Fertigkeiten und ethischer Unterweisung der Weg zur Eudämonie gewiesen wird. Der Pädagoge übt hierbei – ganz im aristotelischen Sinne, dass die Pädagogik zu den praktischen Wissenschaften gehört – eine praktische Funktion aus; denn er hat dafür zu sorgen, dass seine Schützlinge zur Eudämonie gelangen. Freilich erschöpft sich für Aristoteles die inhaltliche Bedeutung der Schule nicht darin, dass sie als Wegweiser in Richtung Eudämonie fungiert. Dies wird schnell klar, wenn man an die Ausführungen des Aristoteles zur Logik, zur Metaphysik und zu naturwissenschaftlichen Themen denkt, die wir im Laufe unserer „Schulwoche" kennengelernt haben und die von ihm allesamt in seiner Schule behandelt wurden. Die Schule ist für ihn auch eine Art ‚Forschungsanstalt'. Allerdings bildet die Erreichung der Eudämonie für Aristoteles das zentrale Ziel schulischen Handelns. Sollte nicht auch die Aufgabe heutiger Schulen darin bestehen, ihre Schüler zum ‚Glück' zu führen? Warum eigentlich nicht?! Auch wenn sich der aristotelische Eudämonie-Begriff nur unzureichend mit unseren Worten ‚Glück' oder ‚Glückseligkeit' wiedergeben lässt, weil die Eudämonie von der Vorstellung einer die gesamte Wirklichkeit innewohnenden Entelechie ausgeht, gemäß der der Einzelne leben sollte, um ein gutes und glückliches Leben zu haben, lohnt es sich, über diesen Gedanken nachzudenken. Beginnen wir damit, dass wir überlegen, was ein einzelner Schüler davon hat, wenn er an einer öffentlichen Schule unterrichtet wird, und welche Motive eine staatliche Gemeinschaft hat, einen jungen Menschen zu unterweisen.

Ein Heranwachsender kann in der Schule wertvolle Kenntnisse, Fähigkeiten, Fertigkeiten und ethische Einstellungen erwerben und erlernen. Diese kann er nach seiner Entlassung aus der Schule nutzbringend für sich einsetzen – und so ein glückliches Leben führen. Doch nicht nur für den Heranwachsenden, sondern auch für eine staatliche Gemeinschaft kann seine gute schulische Bildung und ethische Erziehung ein Glücksfall sein, da der Heranwachsende sein Leben aller Wahrscheinlichkeit nach nicht als Einsiedler verbringen wird, sondern in einer Gemeinschaft, wo er das in der Schule Gelernte und Erworbene zum Einsatz bringen wird. Es besteht somit die Hoffnung, dass er als Mitglied einer Gesellschaft und eines Staates einen positiven Beitrag zu deren Gelingen leisten wird. Diese Aussicht zeigt, dass der Gedanke, dass das Ziel schulischer Erziehung darin bestehen sollte, zum individuellen und zum gemeinschaftlichen Glück zu führen, nicht so abwegig ist, wie es vielleicht auf den ersten Blick den Anschein haben mag.

Damit wären wir zurückgekommen zu unserer Ausgangsfrage, nämlich zu der Frage nach der Berechtigung und der Sinnhaftigkeit erzieherischer Einflussnahme des Staates auf junge Menschen. Eine solche Einflussnahme ist dann gestattet, wenn hinter ihr die Absicht erkennbar ist, positiv auf das Leben des Einzelnen und der Gemeinschaft einzuwirken, individuelles und kollektives ‚Glück' zu verschaffen. Ob dies jedoch einem Staat tatsächlich auch gelingt, ist aber <u>erstens</u> ganz entscheidend auch davon abhängig, welche Inhalte er an seinen Schulen vermitteln lässt, <u>zweitens</u>, welche Bedeutung er der ethischen Erziehung beimisst, und <u>drittens</u>, wie er das Verhältnis zwischen ethischer Erziehung einerseits und Kenntnissen, Fähigkeiten und Fertigkeiten andererseits inhaltlich bestimmt.

Wie wir bereits lernten, nimmt die aristotelische Philosophie ihren Ausgangspunkt bei der Betrachtung der Natur und somit bei der empirischen Wirklichkeit. Diese lässt sich aber nicht trennen von der Ethik. Ethische Erziehung und Wissen über die Wirklichkeit sowie daraus resultierende Fähigkeiten und Fertigkeiten sind für Aristoteles in der Weise miteinander verklammert, dass das tugendhafte Verhalten eines Menschen den eindeutigen Zielpunkt der Logik, der theoretischen Philosophie, des naturwissenschaftlichen Unterrichts sowie der praktischen und poietischen Philosophie darstellen. Letztlich geht es also um eine tugendhafte Lebensführung, die nach aristotelischer Anschauung der Schlüssel zu einem glücklichen (d. h. ‚eudämonistischen') Leben ist. Unabhängig davon, ob man der Philosophie des Aristoteles in diesem Punkt folgt, ist es doch interessant zu beobachten, dass eine gute ethische Einstellung eines Heranwachsenden, wenn sie etwa in Gestalt einer positiven (aristotelisch: einer tugendhaften) Arbeitshaltung zutage tritt, diesen nicht nur zur Beschäftigung mit logischen, naturwissenschaftlichen und philosophischen Fragestellungen anregen kann, sondern dass dies auch in umgekehrter Richtung geschehen kann: Durch die Erkenntnisse, Fertigkeiten und Fähigkeiten, die dem Heranwachsenden in der Schule vermittelt werden, kann auch dessen ethische Weiterentwicklung vorangetrieben werden; denn er gelangt durch das in der Schule Gelernte höchstwahrscheinlich zu einem besseren Verständnis der Welt und kann infolgedessen auch wesentlich angemessener darüber befinden, was in einer konkreten Situation vernünftiges Handeln ist. Sein ethisches Urteils- und Handlungsvermögen gewinnen also ein höheres Niveau.

Aristoteles beschreibt das Verhältnis zwischen dem Einzelnen und der empirischen Wirklichkeit als das von Mikrokosmos und Makrokosmos. Wie wir bereits am „Dienstag" lernten, hatte sich Aristoteles bei der Grundlegung seiner Philosophie die Aufgabe gestellt, die allgemeinsten Prinzipien zu formulieren, nach denen die Wirklichkeit funktioniert. Das machte es für ihn erforderlich, sich im Unterschied zu Platon, der sich weitgehend in metaphysischen Spekulationen verloren hatte und deswegen wenig Interesse an der sichtbaren Wirklichkeit hatte, der belebten und der unbelebten Natur zuzuwenden und von dort aus den Grund und das Wesen des Seins zu erfassen, das vor allem eines ist: Vernunft (νοῦς). Weil der νοῦς der Grund und Wesen des Seins ist und auch der Mensch wesensmäßig νοῦς ist, muss auch der νοῦς das Handeln des Menschen bestimmen. Denn für Aristoteles ist durch die Existenz des νοῦς im Mikrokosmos des Einzelnen und im Makrokosmos der gesamten Wirklichkeit eine untrennbare Bindung zwischen beiden kosmologischen Bereichen gegeben: Der gebildete Einzelne gelangt bei der Erforschung der empirischen Wirklichkeit zwangsläufig zu der Erkenntnis, dass die Gesetze, die im Mikrokosmos seines eigenen Lebens gelten, gleichermaßen auch im Makrokosmos einer funktionierenden Gemeinschaft, in der Natur oder im Universum Gültigkeit haben. Diese Übereinstimmung zwischen Mikrokosmos und Makrokosmos ist konstitutiv für die aristotelische Philosophie und hat, wie wir am „Donnerstag" feststellen konnten, in der Weise praktische Auswirkungen, dass sich jener gebildete Einzelne mit vernünftigen und dadurch mit – nach Ansicht des Aristoteles – ethisch richtigen Handlungsweisen in der staatlichen Gemeinschaft einbringt.

Auch wenn man die aristotelische Lehre von der Übereinstimmung der Gesetze des Mikrokosmos und des Makrokosmos, die durch das Wirken des göttlichen νοῦς gegeben ist, nicht teilt, etwa weil man sie für vorwissenschaftlich und für unvereinbar mit unserem heutigen Wirklichkeitsverständnis hält, so bleibt doch festzuhalten, dass jede einzelne Handlung eines Menschen ein Ausdruck seiner selbst ist und dass jede funktionsfähige Gemeinschaft unter allen Umständen darauf angewiesen ist, dass sich Menschen mit ihren ethischen Überzeugungen und ihren Kenntnissen und Fähigkeiten verantwortlich in sie einbringen. In diese hermeneutische Richtung lässt sich die aristotelische Vorstellung des Zusammenspiels von Mikrokosmos und Makrokosmos durchaus bewegen, wenn man um eine zeitgemäße und zugleich politisch ausgerichtete Interpretation des Aristoteles ringt. Dann bietet der Gedanke vom Verhältnis von Mikrokosmos und Makrokosmos auch zahlreiche wertvolle Impulse nicht nur für das Handlungsfeld der Politik, sondern gleichermaßen für die Schule, ohne dass man zuvor Aristoteliker werden muss.

Im Blick auf die Schule mag der wesentlichste Impuls darin bestehen, dass sie sich ihrer hohen Bedeutung und damit auch ihrer großen Verantwortung für das gelingende Leben des Einzelnen wie auch der Gesellschaft bewusst wird.[57] Ohne dass sich die Schule darum müht, Heranwachsende sowohl intellektuell als in ethischer Hinsicht zu bilden, wird man kaum darauf hoffen können, dass eine gut funktionierende Gesellschaft entsteht. Aristotelisch gesprochen, hieße das: Man

---

57 Es ist einleuchtend, dass die Institution Schule aufgrund der Tatsache, dass sie Verantwortung für die Gesellschaft übernimmt, auch in politischer Hinsicht bedeutsam ist.

muss sich um die Pflege des Mikrokosmos mühen, da dies unmittelbar Auswirkungen auf den Makrokosmos hat – und zwar sowohl in positiver als auch in negativer Hinsicht. Tugendhafte Verhaltensweisen, die Lehrer ihren Schülern anerziehen, indem sie zu Ordnung, Pünktlichkeit, Fleiß, Solidarität und anderen Tugenden anhalten, prägen unweigerlich die Gesellschaft, in der sie leben, weil jene Schüler ein Teil der Gesellschaft sind und dort mit ihren in der Schule erworbenen Tugenden in Erscheinung treten. Gleiches gilt für eine defizitäre schulische Erziehung; auch deren Auswirkungen werden in der Gesellschaft offenkundig.

Lehrer müssen sich unbedingt dessen bewusst werden, wie groß ihre Verantwortung für ihre Schüler und damit auch für die Gesellschaft ist. Es muss ihnen darum gehen, positive innere Haltungen bei ihren Schülern zu erzeugen. Das geht nicht anders, als dass sie selbst solche Haltungen einnehmen, die an ihrem Engagement in der Schule und gegenüber ihren Schülern äußerlich sichtbar werden. Es gibt immer wieder Lehrer, die wenig bis gar kein Engagement in ihrem Beruf zeigen, und das sind erstaunlicherweise nicht unbedingt die älteren, von denen man annehmen könnte, dass sie berufsmüde geworden sind, sondern häufig gerade die jüngeren. Mir ist noch die Reaktion einer älteren Lehrerin vor Augen, die ihr Erstaunen darüber zum Ausdruck brachte, als ihr ein junger Kollege am Tag seiner Verbeamtung auf Lebenszeit erklärte, nun fühle er sich, als sei er am Ende seines Lebens angekommen; denn was solle sich jetzt noch Aufregendes in seiner Lehrerlaufbahn ereignen? Wie mir die ältere Lehrerin erklärte, war sie deswegen so erstaunt über den jungen Kollegen, da für sie wie für die meisten der damals mit ihr verbeamteten Kollegen der Tag ihrer Verbeamtung der Startschuss in ein Berufsleben gewesen sei, das von nun an angstfrei sein könne, da man jetzt keine Sorge mehr vor Entlassung haben musste; dies habe einen aber dazu beflügelt, engagiert und mit Hingabe sein Amt als Lehrer auszuüben. Kaum jemand von ihnen habe daran gedacht, ab seiner Verbeamtung auf Lebenszeit seine ‚Flügel' zu strecken und sich in Bezug auf die Schule „einen faulen Lenz zu machen".

Nicht nur den Lehrern sollte die aristotelische Lehre vom Mikrokosmos und Makrokosmos Ansporn und Mahnung sein, die Auswirkungen des eigenen Handelns zu bedenken, sondern auch den Schülern; denn ein Schüler ist nicht nur ein passiver Empfänger staatlicher Leistungen, sondern er trägt auch als Heranwachsender innerhalb des Gefüges der staatlichen Gemeinschaft eine nicht unerhebliche Verantwortung. Der Staat finanziert die Kosten für seine Schulen schließlich nicht uneigennützig, sondern er hat die Erwartung, dass sich seine hohen Investitionen in einigen Jahren in Form von tüchtigen, gutausgebildeten und steuerzahlenden Bürgern rentieren werden. Oftmals ist das den Schülern nicht unbedingt bewusst, auch nicht, dass ihr Schulbesuch den Staat eine ganze Menge Geld kostet, nämlich ca. 6000 € für einen Schüler pro Schuljahr.[58] Die nichtstaatlichen Kosten von ca. 2800 €, die von Eltern aufgebracht werden müssen,[59] sind darin noch gar nicht enthalten. Umso ärgerlicher ist es zu beobachten, wenn manche Schüler durch mangelnde Leistungsbereitschaft oder gar durch schulische Totalverweigerung diese Kosten noch weiter in die Höhe treiben. Die Schulen sind in solchen Fällen zusammen mit den Eltern herausgefordert, den Nachwuchs diesbezüglich aufzuklären und – wenn dies nichts nützt – ihm gegenüber Maßnahmen zu beschließen und umzusetzen, die die eingetretenen Missstände schnellstmöglich beheben.

Zusammenfassend bleibt im Blick auf die aristotelische Lehre über den Zusammenhang von Mikrokosmos und Makrokosmos Folgendes festzuhalten:

Mikrokosmos und Makrokosmos hängen miteinander zusammen, ersterer beeinflusst letzteren. Dies ist seitens der Schule unbedingt zu beachten, wenn es um die Themen

---

58 Vgl. M. Holthoff-Stenger: Art: „So viel kostet ein Schuljahr", in: Focus vom 14.08.2012, unter: http://www.focus.de/familie/schule/schulstart/schulstart/eltern-zahlen-hohe-nebenkosten-fuer-die-schule-teures-schuljahr_id_2113181.html, [Stand: 1.03.2015].
59 Vgl. ebd.

a) Auswahl von Lerninhalten,
b) Verhältnisbestimmung von Wissensvermittlung und ethischer Werteerziehung innerhalb einer Schule,
c) Berechtigung staatlicher Einflussnahme auf die Erziehung von Heranwachsenden sowie
d) verantwortliches Verhalten von Lehrern gegenüber ihren Schülern und solches von Schülern gegenüber der staatlichen Gemeinschaft geht.

Ich durfte inzwischen mein dreißigstes Abiturjubiläum feiern, diesmal allerdings in aller Stille für mich, denn von meiner damaligen Schule hatte ich zu diesem Jubiläum keine Einladung erhalten. Ob wohl die Jubiläumsfeiern inzwischen abgeschafft wurden, weil ein größerer Teil der Jubilare von einem ähnlichen Gefühl beschlichen worden war wie ich bei meinem fünfundzwanzigsten Abiturjubiläum?

8 Abschließende Thesen zu dem erzieherischen Auftrag staatlicher Schulen in Referenz zu Aristoteles

Vor einigen Jahren hatte ich mich zu einer Fortbildung angemeldet. Obwohl meine Anmeldung schon gleich nach Bekanntgabe des Fortbildungstermins erfolgt war, wurde ich leider nicht mehr als Teilnehmer berücksichtigt; die Fortbildung war hoffnungslos überbucht, und auch die Warteliste war so lang, dass ich nicht mehr damit rechnen konnte, eventuell noch als Nachrücker teilnehmen zu können. Deswegen entschloss ich mich, mir mit dem Geld, das ich durch die entgangene Fortbildung eingespart hatte, eine Freude zu machen und einen Kunstdruck mit Raffaels „Schule von Athen" zu kaufen. Ich überlegte mir einen Platz in meinem Büro, wohin ich das Bild hängen könnte, und erzählte beim Abendessen meiner Frau und meinem damals neunjährigen Sohn von meinem Vorhaben. Beide rieten mir zu, den Kunstdruck für etwa 200 € zu kaufen.

Es waren nur wenige Tage vergangen, als ich am Spätnachmittag eines Samstags von einer Fortbildung nach Hause kam und auf der Bank in unserem Hausflur – das ist der übliche Ort, an dem unsere Tagespost aufbewahrt wird! – ein sperriges Paket für mich entdeckte: „Das muss die ‚Schule von Athen' sein!", dachte ich. Schnell ging ich in mein Arbeitszimmer, um meine Neuerrungenschaft zu inspizieren und an der zuvor anvisierten Stelle aufzuhängen. Dann arbeitete ich noch etwa zwei Stunden am Schreibtisch, bis es an meiner Bürotür klopfte und unser Neunjähriger eintrat: „Gefällt dir dein neues Bild?" fragte er und meinte, ich hätte einen schönen Platz dafür gefunden. Dann begann er sich für einzelne Personen auf dem Bild zu interessieren und fragte – welche Überraschung und große Freude für mich als Vater dieses kleinen Hobbyphilosophen und Wunderkindes! – nach ihren Namen. Ich stellte ihm zunächst Platon und Aristoteles vor. Als mein Sohn dann weiterfragte, zeigte ich ihm noch Sokrates, Euklid, Zarathustra, Diogenes, Heraklit und noch einige andere der insgesamt 21 Philosophen.

Hand aufs Herz: War das Interesse meines Sohnes an den Philosophen echt oder waren seine Nachfragen doch nur ein Mittel, seinen Papa glücklich zu machen? Was kann man ausgehend von dieser Begebenheit und rückblickend auf unsere bisherige Beschäftigung mit Aristoteles für den erzieherischen Auftrag staatlicher Schulen lernen?

Erstens:
Am Anfang steht das Interesse.
Dem schulischen Unterrichts- und Erziehungsauftrag muss ein Interesse vorausgehen, Ordnungen in unserer empirischen Wirklichkeit zu entdecken, die dann für die eigene praktisch-pädagogische Arbeit leitend werden müssen.

Kein Zweifel: Es ist mit ziemlicher Sicherheit davon auszugehen, dass mein damals neunjähriger Sohn kein besonderes Interesse an den Philosophen hatte, die in der „Schule von Athen" abgebildet sind. Das Motiv für sein Interesse bestand vielmehr darin, mir mit seinen Nachfragen eine Freude zu machen, weil er wusste, dass mir Raffaels Darstellungen so gut gefielen. Aber auf das Motiv, Interesse an Gegenständen aufzubringen, kam es auch gar nicht an. Entscheidend war, dass überhaupt Interesse vorhanden war. Das weiß jeder, der Heranwachsende unterrichtet. Das ‚Interesse' meines Sohnes an der „Schule von Athen" war eine günstige Gelegenheit, um ihm die Gedankenwelt der Antike nahezubringen. Allerdings sollte man als Lehrer nicht selbstverständlich davon ausgehen, dass man ein solches Interesse an unterrichtlichen Gegenständen bei seinen Schülern antrifft. Denn häufig ist ihnen nicht so recht deutlich, welche Relevanz die im schulischen Unterricht besprochenen Gegenstände und Sachverhalte für die eigene Wirklichkeit haben.

Anders sieht das bei den Lehrkräften aus, deren Interesse zumindest an einzelnen Unterrichtsfächern einmal so groß war, dass sie einmal sogar bereit waren, sich ausführlich mit ihnen im Rahmen ihres Studiums zu beschäftigen. Das Studium bot ihnen aber nicht nur die Gelegenheit, fachwissenschaftliche Kenntnisse über ihr späteres Unterrichtsfach zu erwerben und zu vertiefen, sondern es trug darüber hinaus dazu bei, ein Verständnis dafür zu entwickeln, in welcher Weise die einzelnen Gegenstände ihres Unterrichtsfaches mit solchen anderer Fächer in Zusammenhang stehen. Man denke dabei etwa an das Studium der Wirtschaftswissenschaften, in dem sich die Studierenden nicht nur Kenntnisse über BWL und VWL aneignen, sondern auch etwas über Mathematik und Soziologie lernen, und dabei ein Empfinden dafür entwickeln, wie stark ihr Studienfach mit anderen Feldern der Wissenschaft vernetzt ist. Es ließen sich hier noch zahllose andere Studienfächer mit ihren Verbindungen zu den unterschiedlichsten wissenschaftlichen Disziplinen beispielhaft anführen.

Die Beziehung des eigenen Studienfaches zu anderen Fächern zu erkennen, ist insbesondere für Studierende des Lehramts überaus wichtig; denn als spätere Lehrer müssen sie dazu in der Lage sein, die Relevanz ihres Faches innerhalb des schulischen Fächerkanons darzustellen. Diese Fähigkeit ist nicht nur aus fachwissenschaftlichen Gründen wichtig und ein Beleg für die eigene fachliche Kompetenz, sondern sie ist vonnöten, um dem Vorwurf entgegentreten können, das eigene Unterrichtsfach sei im Vergleich zu anderen Unterrichtsfächern weniger wichtig oder gar bedeutungslos. Dieser Vorwurf wird gelegentlich von Schülern gegen einzelne Fächer vorgebracht, und selbst, wenn dies nicht geschieht, so ordnen doch etliche Schüler insgeheim ihre Unterrichtsfächer danach, wie wichtig sie ihnen erscheinen. Dies ist deswegen ein Problem, weil sich die Schüler dadurch selbst im Weg stehen, Interesse an bisher uninteressanten und unwichtig erscheinenden Unterrichtsfächern oder –themen aufzubringen. Unwichtige Fächer erscheinen den Schülern deswegen unwichtig, weil sie in deren Lebenswirklichkeit keinen oder nur einen geringen Platz einnehmen. Da die Schüler aber gegenüber jenen Fächern auch gar kein rechtes

Interesse aufbringen wollen, besteht wenig Aussicht darauf, dass sich daran etwas ändert. Vor diesem Hintergrund reicht es für einen guten Unterricht keinesfalls aus, dass eine Lehrkraft lediglich über eine gute Fachkompetenz und über eine pädagogische Eignung verfügt. Sie muss unbedingt auch die Relevanz ihres Unterfaches im Kanon der übrigen Unterrichtsfächer begriffen haben und diese überzeugend gegenüber ihren Schülern darstellen können, sonst werden sich die Schüler damit schwer tun, sich für Unterrichtsthemen zu interessieren, die bisher wenig oder gar nichts mit ihrer eigenen Lebenswirklichkeit zu tun hatten.

Zweitens:
Schulisches Lernen muss sich an der empirischen Wirklichkeit orientieren – niemals umgekehrt.

Der niedersächsische Lehrer Philipp Ostermann, der Ende 2014 in der Kategorie „Schüler zeichnen Lehrer aus" den Deutschen Lehrerpreis erhielt, antwortet auf die Frage nach seinem „Rezept für guten Unterricht"[60]: „[...] es ist nicht unwichtig zu wissen, was die Schüler bewegt und was sich in ihrer Lebenswelt so abspielt."[61] Was Ostermann ein wenig lapidar mit „nicht unwichtig" umschreibt, ist für ihn in Wirklichkeit „absolut wichtig" und „unverzichtbar". Denn ein Unterricht, der an der Lebenswelt der Schüler vorbeigehe, wirke sich mit ziemlicher Sicherheit auf den Lernerfolg der Schüler aus und sei deswegen in pädagogischer Hinsicht höchst problematisch.[62]

Wie für Ostermann, so ist es auch für Aristoteles wichtig, die Lebenswirklichkeit seiner Schüler in den Fokus zu nehmen, doch für Letzteren nicht so sehr aus pädagogischen, sondern vor allem aus philoso-

---

60 P. Ostermann in Art. „Sagen Sie mal, Herr Ostermann ... wie lernt man eigentlich richtig? Deutschlands bester Lehrer spricht über die anspruchsvolle Rolle der Eltern, die Zukunft der Schule und den Nutzen von Eselsbrücken", in: Oberhessische Presse, Wochenende, 21./22. Februar 2015, WA01.
61 Ebd.
62 Vgl. ebd.

phischen Gründen. Genauso wie Ostermann danach fragt, was seine Schüler bewegt, und die Schülerantworten als Ausgangspunkt für die Entfaltung seines Unterrichts wählt, so erklärt Aristoteles die Natur zu dem ersten Lernort des Menschen und knüpft damit unmittelbar an die Lebenswirklichkeit seiner Schüler an. Hier agieren der Pädagoge und der Philosoph noch sehr ähnlich. Ganz Philosoph ist Aristoteles jedoch, wenn er darum ringt, die empirische Wirklichkeit – und darin eingeschlossen die Lebenswirklichkeit seiner Schüler – in den einzelnen Fächern seiner Schule abzubilden, um die Entelechie der natürlichen Gegenstände und des Menschen zu ergründen und um anschließend Wege zur Eudämonie ausfindig zu machen. Einig sind sich Ostermann und Aristoteles schließlich wieder in der Auffassung, dass die Betrachtung der Lebenswirklichkeit der Schüler zwar wichtig sei, dass es aber letztlich darum gehen müsse, gemeinsam mit den Schülern den eigenen Horizont und damit das Verständnis für die Dimension des empirisch Wirklichen zu erweitern.

Heutzutage besteht ein erheblicher Streit darüber, in welche Richtung diese Erweiterung gehen sollte. Sollte sie allgemeinbildend sein, und sollte man versuchen, die empirische Wirklichkeit nach Möglichkeit in den vorhandenen schulischen Fächern abzubilden, oder sollte die Erweiterung dahin gehen, die Schüler handlungs- und kompetenzorientiert auf ihr späteres Leben in unserer Gesellschaft vorzubereiten?

Die Kritiker des allgemeinbildenden Unterrichts fragen, weshalb sich Schüler ein komplexes Wissen in Mathematik, den Naturwissenschaften, in Geschichte und in anderen schulischen Unterrichtsfächern Wissen aneignen sollten, wenn sie dieses möglicherweise weder für ihre Berufsausbildung noch in ihrer späteren Lebenspraxis benötigen? Sie führen dabei ins Feld, dass das, was man früher einmal als Allgemeinwissen bezeichnete, inzwischen kaum mehr überschaubar sei und im Bedarfsfall auch per Internet abgerufen werden könne. Die Befürworter des allgemeinbildenden Unterrichts heben dagegen den Wert der Allgemeinbildung hervor und argumentieren, dass jeder Schüler über eine gewisse Grundbildung verfügen müsse. Nur so sei gewährleistet, dass ein gesichertes Bildungsniveau dauerhaft in der Gesellschaft erhalten bleibe.

Aristoteles hätte sich vermutlich sehr dagegen gewehrt, sich bei seiner Lehrtätigkeit ausschließlich auf praktische Unterweisungen, die für gestalterische Tätigkeiten dienlich sind, zu beschränken. Denn dieser Unterrichtsbereich, den er in seiner poietischen Philosophie beschrieben hat,[63] bildet ja nur einen sehr kleinen Teil der menschlichen Wirklichkeit ab. Den Unterricht allein auf diesen zu reduzieren, hieße, alle anderen Bereiche des Menschseins, wie etwa den der Politik oder die Stellung des Menschen in der natürlichen Welt einfach auszuklammern. Die verheerende Konsequenz, die sich aus einer solchen ausschließlich auf den praktischen Nutzen ausgerichteten Erziehung ergeben würde, bestünde darin, dass man den Menschen fortan allein unter dem Aspekt der Arbeit und seines ökonomischen Nutzens betrachten würde, wodurch ein komplett verzerrtes Bild vom Menschen entstünde. Eine solche Anthropologie würde Aristoteles schon deswegen bemängeln, weil es gänzlich an seinem Ideal einer Erziehung zur Tugendhaftigkeit und zur Eudämonie vorbeiführen würde.

Auch wenn man kein Aristoteliker ist, kann man von seiner Sichtweise lernen. Übertragen auf unsere heutige Situation wäre sie so zu verstehen: Schulische Lerninhalte werden nicht allein aus Nutzen- und Zweckgründen vermittelt; sie helfen den Schülern vielmehr, die empirische Wirklichkeit, einschließlich der eigenen Lebenswirklichkeit, besser und intensiver zu begreifen. Wenn die schulischen Lerninhalte aber eine solche Funktion ausüben, hören sie auf, ausschließlich Lerninhalte zu sein. Sie werden dann zu Bildungsinhalten, die den Einzelnen in seiner Selbstwahrnehmung und in seiner Weltsicht bilden, ihn in seiner geistigen Entwicklung weiter voranbringen.

Aktuell findet eine spannende Debatte über den Unterschied zwischen Lern- und Bildungsinhalten u. a. zwischen Eric Hanushek und

---

63 Vgl. hierzu auch „Der Mittwochnachmittag: Die vier Gründe des Seienden …".

Ludger Wößmann statt.[64] Hanushek vertritt dabei die Position, dass ein Zusammenhang bestehe zwischen dem Vorhandensein von guten Schülern in einem Land und dem sich dort ereignenden schnellen Wirtschaftswachstum. Deswegen solle der Zweck schulischen Unterrichts hauptsächlich der sein, Schüler möglichst gut auf ihre spätere Arbeit in der Wirtschaft vorzubereiten. Davon habe nicht nur die Gesellschaft einen finanziellen Profit, sondern auch der Einzelne selbst. Dass sich Hanusheks Menschenbild auf das des homo oeconomicus beschränkt und auch seine Betrachtung der Wirklichkeit ausschließlich aus ökonomischer Perspektive erfolgt, mag einen nachdenklich und traurig zugleich machen. Die Position von Hanushek, die in Deutschland zahlreiche Anhänger hat, zeigt, dass man längerfristig nicht umhin kommt, eine prinzipielle Entscheidung darüber zu treffen, worin die Kernaufgaben öffentlicher Schulen bestehen sollen: in der Vermittlung von Lerninhalten oder in einem Bildungsauftrag gegenüber ihren Schülern.

Bei dieser Entscheidung sollte man es sich nicht zu leicht machen, erstens, weil die Entscheidung, wie auch immer sie ausfällt, stets ein Ausdruck für die Anthropologie derer ist, die sie treffen, und zweitens, weil sich Menschen höchst selten wieder in vergleichbaren Situationen wiederfinden werden wie als Schüler an einer Schule, wo dem Einzelnen ein breit gefächertes Wissen dargeboten wird, das er in unterschiedlicher Weise für sich selbst und die Gesellschaft, in der er lebt, nutzen kann.

---

64 Vgl. Art. „Rechnen macht reich. Gefährden schlechte Mathematiknoten unsere Zukunft? Ein Gespräch mit dem amerikanischen Bildungsökonomen Eric Hanushek und seinem deutschen Kollegen Ludger Wößmann", in: Die Zeit, 26. September 2013, Nr. 40, S. 87–88, sowie das gemeinsame Buch von Hanushek und Wößmann: Endangering Prosperity. A Global View of the American School, Brookings Institution Press, 2013.

Drittens:
Öffentliche Schulen müssen den Anforderungen der modernen Informationsgesellschaft Rechnung tragen und gleichermaßen klassische Bildungsinhalte vermitteln.

Öffentliche Schulen sind keine fensterlosen Monaden, die in sich abgeschlossen und isoliert sind, sondern sie sind vernetzt mit anderen Bildungseinrichtungen, besonders mit den Universitäten, die außer zur Lehre besonders zur Forschungsarbeit verpflichtet sind. Dort eignen sich die zukünftigen Lehrkräfte nicht nur pädagogische, sondern auch fachwissenschaftliche Kenntnisse an, die sie – zumindest theoretisch – in die Schule tragen können. Praktisch funktioniert das weniger reibungslos, weil die Lehrkräfte nach Lehrplänen unterrichten müssen, die jedoch nicht in dem Tempo aktualisiert werden können, wie die universitäre Wissenschaft voranschreitet. Achim Bühl, Professor für Sozialforschung, Statistik, Technik- und Mediensoziologie an der Beuth-Hochschule für Technik in Berlin, merkt in seinem Buch „Die virtuelle Gesellschaft des 21. Jahrhunderts" an: „Einmal erworbenes Wissen veraltet außerordentlich schnell."[65] Bühl führt dies auf die enorme Zunahme von Informationen und Wissen in unserer Zeit zurück: „Alle vier bis fünf Jahre verdoppelt sich zur Zeit das verfügbare Wissen der Menschheit. Während die Halbwertszeit des schulischen Wissens immerhin noch 20 Jahre beträgt, veraltet Hochschulwissen mit einer Halbwertszeit von 10 Jahren bereits doppelt so schnell. Die Halbwertszeit für berufliches Fachwissen beträgt gerade noch fünf, die für Technologiewissen noch drei und die für EDV-Wissen sogar nur noch ein Jahr."[66] Wenn öffentliche Schulen ihren Bildungsauftrag sachgerecht erfüllen wollen, müssen sie sich den Gegebenheiten der Informationsgesellschaft anpassen. Das bedeutet freilich nicht, dass sie den aktuellen wissenschaftlichen Forschungsstand abbilden sollen. Dazu wären sie wegen der gewaltigen Informationsflut und der

---

65 A. Bühl: Die virtuelle Gesellschaft des 21. Jahrhunderts. Sozialer Wandel im digitalen Zeitalter, 2000, S. 250.
66 Ebd.

Geschwindigkeit, mit der sich neues Wissen bildet, auch gar nicht in der Lage. Sie können nicht anders als sich auf die Vermittlung von Grundwissen und Kompetenzen zu beschränken, die dazu befähigen, der Informationsflut zu begegnen. Daneben sollten sie ihren Schülern in gleichberechtigter Weise klassische Bildungsinhalte vermitteln, wie es derzeit an allgemeinbildenden Schulen geschieht. Der Wert der klassischen Bildung besteht darin, dass er für die Schüler eine Art ‚sicheres Refugium' bilden kann, das nicht von dem Sturm ständiger Neuerungen aufgewirbelt wird, sondern wie ein festes Fundament ist, auf dem man einen sicheren Stand hat. Dort können Schüler nach dem ‚Guten, dem Wahren und dem Schönen' fragen und zugleich einen Ort zur Selbstreflektion finden. Die Kombination zwischen den klassischen Bildungsinhalten und denen der Innovationen der Technologiegesellschaft ist es, die eine zeitgemäße und zugleich auch auf humanistische Verantwortung gegenüber ihren Schülern setzende Schule ausmacht. Um dieses Ideal zu erreichen, ist es erforderlich, bestimmte Rahmenbedingungen zu schaffen:

a) Lehrpläne werden zwar regelmäßig überarbeitet, nehmen aber häufig viel zu zögerlich Ergebnisse aktueller wissenschaftlicher Forschung auf. Eine wesentlich engere Zusammenarbeit zwischen den Universitäten und den für die Erstellung von Lehrplänen zuständigen Kultusministerien wäre dringend vonnöten.

b) Betrachtet man den Lehrbuchbestand in öffentlichen Schulen, entdeckt man zahlreiche Bücher, die eher in ein Antiquariat gehören als in eine Schulbibliothek. Wichtig wäre es, die öffentlichen Schulen finanziell so auszustatten, dass ihre Lehrbuchbestände so modern wie möglich sind. Nur so ist gewährleistet, dass die Schulen ihrem Bildungsauftrag auch in adäquater Weise nachkommen können.

c) Für die Beschaffung und Vermittlungen aktueller Informationen ist es darüber hinaus erforderlich, sämtliche Klassenräume mit Internetverbindung sowie mit PCs auszustatten.

d) Es ist unabdingbar, dass Lehrkräfte regelmäßig Fortbildungen besuchen, um fachwissenschaftlich auf dem neuesten Stand zu bleiben. Im Dienstrecht der einzelnen Bundesländer gibt es hierzu zwar eindeutige Regelungen, allerdings ist die finanzielle Ausstattung der Schulen für Fortbildungen in vielen Fällen derartig niedrig, dass die Lehrkräfte ihre Fortbildungen weitgehend selbst finanzieren oder aber Fortbildungsangebote wahrnehmen, die in fachwissenschaftlicher Hinsicht von eher niedrigem Niveau sind. Vergleicht man die Kosten von Fortbildungen, die Mitarbeiter der Industrie wahrnehmen, mit solchen für Lehrkräfte, wird einem der Unterschied zwischen guten und schlechten Fortbildungsangeboten sehr schnell deutlich. Gute Bildung hat ihren Preis.

Viertens:
Die einzelnen unterrichtlichen Fächer und Lernbereiche müssen inhaltlich miteinander vernetzt sein.

Eine inhaltliche Vernetzung der einzelnen unterrichtlichen Fächer und Lernbereiche ist aus pädagogischen Gründen wie auch aus solchen der Bildungsverpflichtung der öffentlichen Schulen unbedingt erforderlich, denn nur so eröffnet sich den Schülern die Möglichkeit, a) die Wertigkeit jedes einzelnen im Kanon der Unterrichtsfächer befindlichen Schulfaches zu erkennen und b) möglichst ein weit gefächertes Verständnis von Wirklichkeit zu entwickeln.

Unterrichtlich herstellen ließen sich solche Vernetzungen zwischen den einzelnen Unterrichtsfächern und Lernbereichen durch regelmäßig stattfindende, fächerübergreifende und thematisch orientierte Unterrichtsreihen. Denkbar wäre es auch, dass man zu Beginn oder am Ende eines jeden Schuljahres ähnlich wie an den Universitäten eine Art „Dies academicus" ansetzt, den man dazu nutzt, über den für die einzelnen Unterrichtsfächer typischen Zugang zur empirischen Wirklichkeit nachzudenken. Vorstellbar wäre auch – wiederum angelehnt an die Universitäten – ein am Ende eines Schuljahres stattfindendes „Studium generale", in dem die Hauptthemen der einzelnen Unterrichtsfächer in allgemeinverständlicher Weise vorgestellt werden.

Ganz gleich, welche Form man wählt, um die Vernetzungen zwischen den einzelnen Unterrichtsfächern und Lernbereichen aufzuzeigen, ist es wichtig, dass man sich schulischerseits überhaupt darum müht. Denn verzichtet man darauf, so werden Schüler ihren Schultag als thematisch unzusammenhängend und die Auswahl ihrer Unterrichtsfächer als willkürlich erleben, was leider nicht selten vorkommt. Damit vergibt man gute Gelegenheiten, deutlich zu machen, dass man sich der empirischen Wirklichkeit aus sehr unterschiedlichen Perspektiven nähern und sie in unterschiedlicher Weise zur Darstellung bringen kann.

Fünftens:
Der schulische Unterricht soll positive Auswirkungen auf das alltägliche Handeln der Schüler haben.

Es ist für Lehrer ein immer wiederkehrendes, frustrierendes Erlebnis, wenn sie bemerken, dass ihre Schüler das im Unterricht Erlernte kaum oder gar nicht in ihrem Alltag anwenden. So werden im Biologieunterricht die gesundheitlichen Folgen ungesunder Ernährung besprochen, doch nur vergleichsweise wenige Schüler setzen dieses Wissen in der eigenen Lebensführung um; oder es wird im Politikunterricht das Thema „ökologische Katastrophen" behandelt, aber nach der Unterrichtsstunde werfen die Schüler ihre Pfandflaschen achtlos in den Restmüll; oder es wird im Religionsunterricht darüber Einigkeit erzielt, dass man im Leben immer wieder Kompromisse schließen müsse, damit ein friedliches Miteinander möglich sei, aber nach dem Unterricht tragen Schüler Konflikte aus, indem sie körperliche Gewalt einsetzen.

Schüler müssen dazu gebracht werden zu begreifen, dass ihr Schulbesuch keine Bürde ist, die ihnen von Erwachsenen aus einem Gefühl der Dominanz oder einer vermeintlichen Überlegenheit auferlegt wird, sondern dass er ihnen vielmehr eine Hilfe sein soll, sie so gut wie möglich auf das Leben vorzubereiten. Dazu müssen sie erst einmal erkennen, dass die schulischen Lerninhalte etwas mit ihnen und ihrem

Leben zu tun haben. Das scheint auf den ersten Blick ein schwieriges Unterfangen zu sein. Möglicherweise fühlen sich Lehrer nun dazu verpflichtet, ständig Bezüge zwischen Unterrichtsinhalten und dem alltäglichen Leben aufzeigen zu müssen. Das ist jedoch nicht gemeint. Es geht vielmehr um die Entwicklung einer prinzipiellen Einstellung der Schüler gegenüber der Schule, um das Gefühl, in der Schule etwas Sinnvolles zu lernen. Dazu sollte den Schülern wenigstens exemplarisch die lebenspraktische Relevanz von Unterrichtsinhalten nahegebracht werden: Weshalb ist es sinnvoll, in der Schule die Regeln des Volleyballspiels zu lernen und anschließend das Spiel zu spielen? Weshalb ist es nützlich, im Biologieunterricht über den Bau von Aminosäureketten zu sprechen und im Chemieunterricht über die Wirkung von Tensiden? Was hat Analysis eigentlich mit unserem Alltag zu tun? Oder warum ist es wichtig, etwas über die Feldzüge Napoleons zu wissen?

Rückblickend auf meine eigene Schulzeit habe ich den Eindruck, dass die meisten meiner damaligen Lehrer kaum einen Gedanken daran verschwendeten, weshalb sie uns Schülern bestimmte Lehrinhalte vermittelten. Entsprechende Nachfragen seitens der Schülerschaft endeten meist mit einem Verweis auf die Vorgaben des Lehrplans. Ob das bei heutigen Lehrkräften in der Regel anders ist? Ohne dass die Schüler gegenüber ihren Lehrern das Vertrauen haben, dass die vermittelten Lerninhalte Bezüge zu ihrem Leben haben, auch wenn sie diese zum gegenwärtigen Zeitpunkt vielleicht noch nicht erkennen können, werden sich nur die Unkritischen und Schicksalsergebenen unter ihnen freiwillig schulisches Wissen aneignen, nicht aber die, die von dessen Nutzen nicht überzeugt sind. Damit soll nicht behauptet werden, dass schulische Lerninhalte nur unter dem Aspekt der Nützlichkeit weitergegeben werden sollten. Es geht vielmehr darum, dass eine Vertrauensbasis zwischen Schülern und Lehrern hergestellt wird, die überzeugen kann, dass die vermittelten Lehrinhalte sinnvoll sind. Dazu kann es hilfreich sein, gelegentlich die lebenspraktische Relevanz und den alltagsbezogenen Nutzen von Lerninhalten aufzuzeigen, um die Vertrauensbasis zwischen Schülern und Lehrern zu stärken. Im Blick auf die angeführten Unterrichtsinhalte könnte das etwa so aussehen:

- Es ist sinnvoll, im Rahmen des schulischen Sportunterrichts die Regeln des Volleyballspiels zu lernen und anschießend das Spiel unter Beachtung der erlernten Regeln zu spielen. Es bereitet nicht nur Freude, ein neues Spiel zu spielen, sondern man lernt dabei auch, dass ein Sieg nur möglich ist, wenn die Spieler einer Mannschaft zusammenhalten. Auch ist es für das Spiel wichtig, dass alle Mitspieler die Spielregeln gut beherrschen. Für das Miteinander in der Klasse, in der Familie, in der Gesellschaft und im Staat ist das nicht anders ...
- Aminosäureverbindungen kommen an alle möglichen Orten vor und sind bedeutsam für die Ernährung des Menschen, die Futtermittelindustrie, die moderne Medizin und die Kosmetik. Würde man darauf verzichten, sich mit ihnen zu beschäftigen, so wäre ein modernes Leben wohl kaum möglich.
- Die Feldzüge Napoleons hatten gewaltige Auswirkungen auf das europäische Staatengefüge. Ohne diese wäre das Aussehen des heutigen Europas mit Sicherheit ein völlig anderes. Auch würden wir heute in Deutschland vielleicht in einem ganz anderen Rechtssystem leben, da das napoleonische Rechtssystem Code civil nicht nur das alte preußische Rechtssystem abgelöst hat, sondern auch die Weiterentwicklung unseres Rechtssystems bis heute maßgeblich beeinflusst hat.

Ähnliche Bezüge zwischen schulischen Lerninhalten und unserer Lebenswirklichkeit ließen sich auch für die Tenside im Chemieunterricht und die Analysis im Mathematikunterricht finden. Bei der Auswahl der Anwendungsbeispiele sollte jedoch darauf geachtet werden, dass sie von den Schülern als alltagstauglich empfunden werden. Dann besteht die Hoffnung, dass die Schüler gegenüber ihren Lehrern Vertrauen aufbringen und verstehen, dass die ihnen vermittelten Lerninhalte sinnvoll sind und dass sie von den Schülern in ihrem alltäglichen Handeln beachtet werden.

Sechstens:
Ein wesentlicher Bildungsauftrag öffentlicher Schulen muss darin bestehen, deutlich zu machen, dass sich Anthropologie und Ethik nicht voneinander trennen lassen.

In Diskussionen über den Bildungs- und Erziehungsauftrag öffentlicher Schulen ist immer wieder zu hören, dass die Schüler an öffentlichen Schulen bestimmte ethische Grundeinstellungen, wie die Fähigkeit zur gewaltlosen Lösung von Konflikten, die Bereitschaft zu sozialem Engagement, die Fähigkeit zur Empathie u. a. erwerben sollten. Dabei wird selten oder gar nicht über die mit jenen Grundeinstellungen korrespondierenden anthropologischen Entwürfe gesprochen, obwohl man eigentlich wissen sollte, dass alle großen ethischen Entwürfe wie auch die meisten herausragenden ethischen Wertvorstellungen stets entsprechende Anthropologien zur Voraussetzung haben.

Aristoteles wusste um die Korrelation von Anthropologie und Ethik. Nach seiner Anthropologie ist der Mensch ein Wesen, das sich durch Vernunft und durch das Vorhandensein einer ihm innewohnenden Entelechie auszeichnet, woraus Aristoteles die folgende Ethik ableitet: Der Mensch soll entsprechend seiner Entelechie handeln. Dazu ist er fähig, da er ein vernünftiges Wesen ist.

Bei Aristoteles ist ganz klar zu beobachten, wie Ethik und Anthropologie eine untrennbare Einheit bilden, anders gesagt: wie eine bestimmte Form von Sollen immer ein entsprechendes Sein zur Voraussetzung hat und umgekehrt. Innerhalb der philosophischen Diskussion wird die Einheit von Sein und Sollen heutzutage nur noch von der katholischen Naturphilosophie behauptet. Hier leitet man aus dem Sein des Menschen ein bestimmtes Sollen (Verhalten) ab. Außerhalb des Katholizismus spielt dieser Gedanke aber keine größere Rolle mehr. Umso erstaunlicher ist, dass man im Alltag beinahe selbstverständlich bestimmte Verhaltensweisen einfordert, als bestehe ganz selbstverständlich eine Verbindung zwischen dem Sein und dem Sollen. So sind wir heute der Meinung, dass sich bestimmte Verhaltensweisen verbieten, während andere unbedingt geboten sind. In der Schule etwa ahnden wir mangelndes Sozialverhalten und Respektlosigkeit und fordern zugleich Solidarität und Empathie mit Schwächeren. Interessanterweise verweisen wir im Zusammenhang mit unseren moralischen Ansprüchen und Urteilen nicht auf positivistische Gesetzeskodizes, wie man es erwarten würde, wenn man das Bestehen eines Zusammenhangs zwischen dem Sein und den Sollen leugnet, sondern wir beziehen uns auf den Menschen in seinem vermeintlichen Sosein und auf seine natürliche Fähigkeit, Verantwortung für sein Tun und Lassen zu übernehmen. In unserer Alltagsethik behaupten wir also letztlich die Einheit von Sein und Sollen, die wir theoretisch möglicherweise leugnen.

Wir können indes nicht umhin, unseren Schülern deutlich zu machen, dass man Anthropologie und Ethik nicht einfach voneinander trennen kann; denn koppelt man die Anthropologie einfach von der Ethik ab, riskiert man, dass die Forderungen nach positiven ethischen Grundhaltungen als leeres Geschrei nach moralischer Verbesserung der Welt sang- und klanglos verhallen. Dies ist das Erste, das wir unseren Schülern hinsichtlich des Zusammenhangs zwischen Anthropologie und Ethik aufzeigen sollten.

Das Zweite, das wir ihnen aufdecken sollten, ist, dass wir innerhalb unserer Gesellschaft zwar etliche ethische Werte miteinander teilen, aber keine einheitliche Anthropologie, und dass sich aus jeder Anthropologie spezielle ethische Konsequenzen ergeben, die dieser Anthropologie entsprechen.[67]

---

[67] Hierfür zwei Beispiele: Von einer rein materialistischen Anthropologie wird man nicht selbstverständlich auf die Anwendung einer altruistisches Ethik schließen können. Dagegen lässt die Befolgung eines Menschenbildes, das den Nächsten als gleichwertiges Gegenüber und als Gottes Ebenbild betrachtet, darauf hoffen, dass Menschen einander nicht in wirtschaftlicher Hinsicht ausbeuten und übervorteilen.

Siebtens:
Der Erziehungsauftrag öffentlicher Schulen sollte ganz wesentlich darauf abzielen, die moralische Entwicklung des Einzelnen voranzubringen und ihn zu einer tugendhaften Lebensführung zu erziehen.

Ungeachtet der Tatsache, dass nach Art. 6,2 des Grundgesetzes die „Erziehung der Kinder [...] das natürliche Recht der Eltern und die zuvörderst ihnen obliegende Pflicht" ist, spricht Art. 7,1 des Grundgesetzes den Schulen die Pflicht zu, schulpflichtige Kinder und junge Erwachsene nicht nur zu bilden, sondern auch zu erziehen. Was „erziehen" konkret heißt, wird in den Verfassungen der einzelnen Bundesländer ausgeführt. Als Beispiel für den Erziehungsauftrag der Schulen sei hier Art. 56,4 der Hessischen Landesverfassung angeführt: „Ziel der Erziehung ist, den jungen Menschen zur sittlichen Persönlichkeit zu bilden, seine berufliche Tüchtigkeit und die politische Verantwortung vorzubereiten zum selbständigen und verantwortlichen Dienst am Volk und der Menschheit durch Ehrfurcht und Nächstenliebe, Achtung und Duldsamkeit, Rechtlichkeit und Wahrhaftigkeit."

Anhand dieses Artikels der Hessischen Landesverfassung lässt sich zeigen, dass sich der Auftrag zur Bildung und der zur Erziehung nicht scharf voneinander trennen lassen, denn Bildung und Erziehung sind tief miteinander verwoben. Würde man dennoch versuchen, eine Abgrenzung der beiden Begriffe voneinander zu erreichen, so käme man etwa zu folgendem Ergebnis: Während die Bildung vorrangig die Vermittlung von Kenntnissen, Fähigkeiten und Fertigkeiten zum Inhalt hat, verleiht die Erziehung der Bildung ein moralisches Fundament und eine Sinnhaftigkeit, indem sie danach fragt, zu welchem Zweck und auf welche Weise die Inhalte der Bildung für den Einzelnen und für die Gemeinschaft sinnvoll eingesetzt werden sollen. Die Hessische Verfassung gibt als Zweck den „selbständigen und verantwortlichen Dienst am Volk und der Menschheit" an. Die Art und Weise, wie dieser Zweck erreicht werden soll, beschreibt sie so: „durch Ehrfurcht und Nächstenliebe, Achtung und Duldsamkeit, Rechtlichkeit und Wahrhaftigkeit". Ganz entscheidend ist aber das Ziel der schulischen Erziehung. Dieses besteht in der Bildung einer „sittlichen Persönlichkeit".

Diese Zielvorgabe schulischer Erziehungsarbeit – expliziert an der Hessischen Verfassung (andere Landesverfassungen gehen aber inhaltlich in die gleiche Richtung!)[68] – ist unmissverständlich und kann kaum anders verstanden werden als dass der Erziehungsauftrag von Schulen darauf abzielen sollte, die moralische Entwicklung des Einzelnen voranzubringen und ihn zu einer tugendhaften Lebensführung zu erziehen. Bedenkt man von hier aus noch einmal die bereits angesprochene, nicht selten in Schulen zu beobachtende Konzentration auf

---

68 Vgl. Art. 12,1 und Art. 12 §1, 2 der Verfassung des Landes Baden-Württemberg: „Die Jugend ist in der Ehrfurcht vor Gott, im Geiste der christlichen Nächstenliebe, zur Brüderlichkeit aller Menschen und zur Friedensliebe, in der Liebe zu Volk und Heimat, zu sittlicher und politischer Verantwortlichkeit, zu beruflicher und sozialer Bewährung und zu freiheitlicher demokratischer Gesinnung zu erziehen."
„Die Schule hat den in der Verfassung verankerten Erziehungs- und Bildungsauftrag zu verwirklichen. Über die Vermittlung von Wissen, Fähigkeiten und Fertigkeiten hinaus ist die Schule insbesondere gehalten, die Schüler in Verantwortung vor Gott, im Geiste christlicher Nächstenliebe, zur Menschlichkeit und Friedensliebe, in der Liebe zu Volk und Heimat, zur Achtung der Würde und der Überzeugung anderer, zu Leistungswillen und Eigenverantwortung sowie zu sozialer Bewährung zu erziehen und in der Entfaltung ihrer Persönlichkeit und Begabung zu fördern, zur Anerkennung der Wert- und Ordnungsvorstellungen der freiheitlich-demokratischen Grundordnung zu erziehen, die im einzelnen eine Auseinandersetzung mit ihnen nicht ausschließt, wobei jedoch die freiheitlich-demokratische Grundordnung, wie in Grundgesetz und Verfassung verankert, nicht in Frage gestellt werden darf, auf die Wahrnehmung ihrer verfassungsmäßigen staatsbürgerlichen Rechte und Pflichten vorzubereiten und die dazu notwendige Urteils- und Entscheidungsfähigkeit zu vermitteln, auf die Mannigfaltigkeit der Lebensaufgaben und auf die Anforderungen der Berufs- und Arbeitswelt mit ihren unterschiedlichen Aufgaben und Entwicklungen vorzubereiten."
Vgl. § 3, 1 der Verfassung des Landes Berlin: „Die Schule soll Kenntnisse, Fähigkeiten, Fertigkeiten und Werthaltungen vermitteln, die die Schülerinnen und Schüler in die Lage versetzen, ihre Entscheidungen selbständig zu treffen und selbständig weiterzulernen, um berufliche und persönliche Entwicklungsaufgaben zu bewältigen, das eigene Leben aktiv zu gestalten, verantwortlich am sozialen, gesellschaftlichen, kulturellen und wirtschaftlichen Leben teilzunehmen und die Zukunft der Gesellschaft mitzuformen."

den Unterricht in den Kernfächern, so ist es beinahe überflüssig zu betonen, dass man damit keinesfalls dem schulischen Erziehungsauftrag genügen kann.

Achtens:
Die staatliche Gemeinschaft sollte die Bildungs- und Erziehungsarbeit ihrer Schulen stärker schätzen als sie dies augenblicklich tut, zumal sie von der Arbeit der Schulen in erheblichem Maße profitiert.

Vor einigen Jahren sorgte eine Äußerung des damaligen niedersächsischen Ministerpräsidenten und späteren Bundeskanzlers Gerhard Schröder für Unmut unter den Lehrern. Er hatte sie als „faule Säcke" bezeichnet.[69] Eine solche Äußerung ist nicht nur ein Zeugnis für die Ahnungslosigkeit, mit der schulfremde Personen die Arbeit von Lehrern betrachten, sondern sie zeigt auch, dass da jemand nicht begriffen hat, wie sehr die staatliche Gemeinschaft von der Arbeit der Lehrer profitiert:

Wenn sich nicht so viele Lehrer in verantwortungsvoller Weise um die Bildung und Erziehung unserer Kinder mühten, wäre es um unsere Gesellschaft wesentlich schlechter bestellt. Viele von ihnen erbringen freiwillige Leistungen, indem sie Exkursionen, zusätzlichen Unterricht, außerordentliche Elternsprechtage, Grillfeste für Eltern und Schüler u.s.w. organisieren, ohne dass sie dazu dienstlich verpflichtet wären. Damit verfolgen sie die verschiedensten Einzelabsichten, die sich jedoch so zusammenfassen lassen: den Schülern dabei helfen, den für sie größtmöglichen schulischen Erfolg zu erreichen. Manch ein Lehrer engagiert sich zusätzlich zu seiner Lehrverpflichtung als Sozialarbeiter, und das nicht nur vormittags, wenn in seiner Klasse entsprechende Probleme auftreten, sondern auch nachmittags und abends. Nicht selten rufen Eltern wegen der schulischen Probleme

---

69 Vgl. W. A. Perger: Art. „Faule Säcke?", in: Zeit-Online, vom 23. Juni 1995, unter: http://www.zeit.de/1995/26/Faule_Saecke_, [Stand: 1.02.2015].

ihrer Kinder deren Lehrer an, die dann aber bald feststellen, dass die eigentlichen Ursachen für die schulischen Probleme familiäre Konflikte und Fehlentwicklungen sind. Was liegt nun näher, als im Sinne der Verbesserung der Situation der Schüler den Eltern ein offenes Ohr zu schenken und ihnen vorsichtig Hilfestellung zu bieten? Ich kenne nicht wenige Grundschullehrer, die sich auch außerhalb ihrer Dienstzeit mit Hingabe für ihre Schüler einsetzen, ihnen im Krankheitsfall ihre Hausaufgaben nach Hause bringen und die in Ermangelung geeigneten Unterrichtsmaterials ihren halben eigenen Hausrat in die Schule bringen, damit ihre Schüler anschaulicher lernen können. Welche Angestellten einer Firma wären wohl bereit, nicht nur freiwillig und unentgeltlich außerhalb ihrer regulären Arbeitszeiten für ihre Firma zu arbeiten, sondern würden auch ihre eigenen Arbeitsmittel unentgeltlich einsetzen, um ihre Firma zum Erfolg zu bringen?

Trotz des vielfältigen und freiwilligen Engagements von Lehrkräften wird der Ruf nach einer stärkeren Beteiligung der Schulen an der Erziehung zusehends lauter. Die Gründe dafür sind u. a. die fortscheidende Auflösung des traditionellen Familienbildes, der zahlenmäßige Anstieg alleinerziehender Mütter und Väter sowie die zunehmende als unerträglich empfundene Doppelbelastung durch Familie und Beruf. Man wünscht sich, dass sich Lehrer stärker als Erzieher engagieren, und dies möglichst ohne dass ihr Bildungsauftrag darunter leidet und dass Mehrkosten im Bildungssektor entstehen. Vor diesem Hintergrund tut man sich innerhalb der Gesellschaft keinen Gefallen damit, abfällig von Lehrern zu sprechen. Das Gegenteil sollte der Fall sein, denn eine Gesellschaft profitiert von ihren Lehrern. Das war auch schon Aristoteles bewusst.

Ausblick

Seit Aristoteles im Jahre 335 v. Chr. seine Schule gegründet hat, sind mehr als 2300 Jahre vergangen. Die Welt hat sich seitdem so verändert, dass Aristoteles wohl einige Mühe hätte, sie wiederzuerkennen. Zahllose wissenschaftliche Erkenntnisse wurden gewonnen. Diese übten einen enormen Einfluss auf die Lebensführung des Einzelnen wie auch auf das Zusammenleben innerhalb der Gesellschaft aus – und sie veränderten auch die Vorstellung davon, was heutzutage als gutes pädagogisches Handeln zu gelten hat. Es wäre deswegen unzulässig und unangemessen, die philosophischen und pädagogischen Vorstellungen des Aristoteles undifferenziert und schablonenhaft in unsere heutige Zeit und in unsere Schulsysteme übernehmen zu wollen. Die guten und wertvollen Anregungen, die uns Aristoteles bietet, sollten wir zum Anlass nehmen, unser eigenes pädagogisches Handeln zu durchdenken und kritisch zu hinterfragen. Nicht mehr und nicht weniger.

„[…] denn wie eine Schwalbe und ein Tag noch keinen Sommer macht, so macht auch ein Tag oder eine kurze Zeit noch niemanden glücklich und selig."

(Aristoteles, Nikomachische Ethik I 6, 1098A17–19)

Quellenverzeichnis und weiterführende Literatur

A) pädagogische Literatur

Arnold, Karl-Heinz u.a. (Hg.): Handbuch Unterricht, 2., aktualisierte Aufl., Bad Heilbrunn 2009.

Bauer, Karl-Oswald: Pädagogische Basiskompetenzen. Theorie und Training, Weinheim u. München 2005.

Bennack, Jürgen: Schulaufgabe: Unterricht. Zeitgemäß unterrichten können. Mit Beiträgen von Werner Metzig, Martin Schuster und Manfred Rotermund, [Studientexte für das Lehramt], 3. Aufl. Weinheim u. Basel 2004.

Benner, Dietrich, und Jürgen Oelkers (Hg.): Historisches Wörterbuch der Pädagogik, Weinheim u. Basel 2004.

Böhm, Winfried: Geschichte der Pädagogik. Von Platon bis zur Gegenwart, 3., verb. Aufl., München 2010.

Brüning, Barbara, u. Ekkehard Martens (Hg.): Anschaulich philosophieren. Mit Märchen, Fabeln, Bildern und Filmen, Weinheim u. Basel 2007.

Bueb, Bernhard: Lob der Disziplin. Eine Streitschrift, 4. Aufl., Berlin 2009.

Christes, Johannes u.a. (Hg.): Handbuch der Bildung und Erziehung in der Antike, Darmstadt 2006.

Correll, Werner: Einführung in die pädagogische Psychologie, 3. Aufl., Donauwörth 1978.

Eberhard, David: Kinder an die Macht. Die monströsen Auswüchse liberaler Erziehung, München 2015.

Englert, Rudolf: Die Krise pädagogischer Berufe und das Berufsethos des Religionslehrers, in: Gabriele Miller und Georg Reider (Hg.): Vom Geist des Lehrens. Aspekte erzieherischer Spiritualität (Festschrift für Alfred Frenes), [Beihefte zum Konferenzblatt Nr. 20/21], Brixen 1998, S. 197–206.

Gerl, Thomas: Art. „Mietverträge lernen im Unterricht? Nö!", in: Die Zeit, 7. Februar 2015, Nr. 6, S. 60.

Grell, Jochen, und Monika Grell: Unterrichtsrezepte, 12., neu ausgest. Aufl., Weinheim u. Basel 2010.

Hanushek, Eric, Paul E. Peterson u. Ludger Wößmann: Endangering Prosperity. A Global View of the American School, Brookings Institution Press, Washington, DC, 2013.

Heinrich, Christian: Art. „Die bunte Uni. Die Universität Duisburg-Essen fördert Bildungsaufsteiger und Migranten. Treibende Kraft dabei ist die Vizerektorin Ute Klammer. Ihre Projekte könnten bundesweit als Vorbild dienen", in: Die Zeit, 24. Oktober 2013, Nr. 44, S. 72.

Hessisches Kultusministerium: Gymnasiale Oberstufe, unter: https://verwaltung.hessen.de/irj/HKM_Internet?cid=48a34f21388de135d056cf8266b8b151, [Stand: 20.04.2015].

Hessisches Kultusministerium: Lehrplan evangelische Religion. Gymnasialer Bildungsgang. Jahrgangsstufen 5G bis 9 G und gymnasiale Oberstufe, 2010, unter: https://verwaltung.hessen.de/irj/HKM_Internet?cid=ac9f301df54d1fbfab83dd3a6449af60, Evangelische Religion 2010.pdf, [Stand: 20.04.2015].

Hessisches Kultusministerium: Lehrpläne Sport, unter: http://verwaltung.hessen.de/irj/HKM_Internet?cid=fed0f69a13c4fa385a6d2a571d7d7e51, [Stand: 10.12.2013].

Hessisches Schulgesetz in der Fassung von 14. Juni 2005, GVBl. I, S. 441), zuletzt geändert durch das Gesetz vom 18. Dezember 2012 (GVBl. S. 645), unter: https://kultusministerium.hessen.de/sites/default/files/HKM/hessisches_schulgesetz.pdf, [Stand: 1.03.2015].

Hidalgo, Oliver u. a.: (Hg.): Gedanken teilen. Philosophieren in Schulen und Kindertagesstätten: Interdisziplinäre Voraussetzungen – Methodische Praxis – Implementation und Effekte, [Kinder philosophieren, Bd. 1], Berlin 2011.

Hüther, Gerald, und Uli Hauser: Jedes Kind ist hochbegabt. Die angeborenen Talente unserer Kinder und was wir aus ihnen machen, München 2013.

Juul, Jesper: Schulinfarkt. Was wir tun können, damit es Kindern, Eltern und Lehrern besser geht, unter Mitarb. von Knut Krüger. Mit einem Vorw. von Mathias Voelchert, München 2013.

Kron, Friedrich W.: Grundwissen Didaktik, [UTB 8073], 4., neu bearb. Aufl., München u. Basel 2004.

Kuld, Lothar: Compassion – raus aus der Ego-Falle, [Münsterschwarzacher Kleinschriften, Bd. 138], Münsterschwarzach 2003.

Kuld, Lothar, und Stefan Gönnheimer: Compassion – Sozialverpflichtetes Lernen und Handeln, Stuttgart u. a. 2000.

Kuld, Lothar (Hg.): Pädagogik ohne Religion? Beiträge zur Bestimmung und Abgrenzung der Domänen von Pädagogik, Ethik und Religion, Münster u. a. 2005.

„Lehrer brauchen Professionalität und ein Berufsethos. Neue Empfehlungen der Bildungskommission der Heinrich-Böll-Stiftung/Plädoyer für eine grundlegende Reform des Lehrberufs", Art., in: Frankfurter Rundschau vom 29.11.2002 unter: http://www.absn.de/boell-stiftung-lehrerprofessionalitaet.pdf, [Stand: 27.02.2015].

Mounk, Yascha: Art. „Allgemeinbildung ist überschätzt", in: Die Zeit, 20. Januar 2015, Nr. 5, S. 63 – 64.

Naina: https://twitter.com/nainablabla/status/553881334813560832, [Stand: 10.01.2015].

Niewiem, Michael: Über die Möglichkeit des „Philosophierens mit Kindern und Jugendlichen". Auffassungen aus zweieinhalb Jahrtausenden, [Ethik im Unterricht Bd. 1], Münster u. a. 2001.

Paechter, Manuela (Hg.): Handbuch Kompetenzorientierter Unterricht, Weinheim 2012.

Perger, Werner A.: „Faule Säcke?", Art. in: Zeit-Online, vom 23. Juni 1995, unter: www.zeit.de/1995/26/Faule_Saecke_, [Stand: 1.02.2015].

Precht, David Richard: Anna, die Schule und der liebe Gott. Der Verrat des Bildungssystems an unseren Kindern, München 2013.

„Rechnen macht reich. Gefährden schlechte Mathematiknoten unsere Zukunft? Ein Gespräch mit dem amerikanischen Bildungsökonomen Eric Hanushek und seinem deutschen Kollegen Ludger Wößmann", Art., in: Die Zeit, 26. September 2013, Nr. 40, S. 87 – 88.

Reichen, Jürgen: Art. „Lesen durch Schreiben – Lesenlernen ohne Leseunterricht", in: Grundschulunterricht Deutsch 2, München 2008, S. 4 – 8.

„Sagen Sie mal, Herr Ostermann…wie lernt man eigentlich richtig? Deutschlands bester Lehrer spricht über die anspruchsvolle Rolle der Eltern, die Zukunft der Schule und den Nutzen von Eselsbrücken", Art., in: Oberhessische Presse, Wochenende, 21./22. Februar 2015, WA01-WA03.

„So ziehen wir Rotzlöffel heran". Der schwedische Psychiater und Buchautor David Eberhardt sagt, eine liberale Erziehung schade Kindern und Eltern. Jeanette Otto unterhielt sich mit ihm in Stockholm, Art. in: Die Zeit, 12. März 2015, Nr. 11, S. 71–72.

Steinig, Wolfgang: Art. „Dort Gips keine Fögel". Nur mit Glück und Elternhilfe lernen Schüler heute richtig schreiben – ein Bildungsnotstand, in: Der Spiegel 35/2013, S. 122–123.

Spiewak, Martin: Art. „Die Stunde der Propheten. Bestsellerautoren verkünden die Schulrevolution, allen voran der „Hirnforscher" Gerald Hüther. Mit Wissenschaft hat das alles nicht viel zu tun", in: Die Zeit, 29. August 2013, Nr. 36, S. 33–34.

Tiedemann, Markus: Philosophiedidaktik und empirische Bildungsforschung. Möglichkeiten und Grenzen, [Philosophie und Bildung], Berlin 2011.

Tulodziecki, Gerhard u.a.: Gestaltung von Unterricht. Eine Einführung in die Didaktik, 2., durchges. Aufl., Bad Heilbrunn 2009.

B) philosophische Literatur

Aristoteles: Hauptwerke. Ausgewählt, übersetzt und eingeleitet von Wilhelm Nestle, [Kröners Taschenbuchausgabe Bd. 129], 8. Aufl., Stuttgart 1977.

Aristoteles' Metaphysik. Erster Halbband: Bucher I (A) – VI (E), griechisch-deutsch, Neubearbeitung der Übersetzung von Hermann Bonitz, mit Einleitung und Kommentar hrsg. von Horst Seidl, griechischer Text in der Edition von Wilhelm Christ, [Philosophische Bibliothek Bd. 307], 3., verb. Aufl., Hamburg 1989.

Aristoteles: Nikomachische Ethik. Auf der Grundlage der Übersetzung von Eugen Rolfes, hrsg. von Günther Bien, [Philosophische Bibliothek Bd. 5], 4., durchges. Aufl., Hamburg 1985.

Aristoteles: Politik. Übersetzt und mit einer Einleitung sowie Anmerkungen hrsg. von Eckart Schütrumpf, [Philosophische Bibliothek Bd. 616], Hamburg 2012.

Aubenque, Pierre: Art. „Aristoteles. I. Leben – II. Werk", in: RGG, Bd. 1, 4., völlig neu bearb. Aufl., Tübingen 1998, Sp. 729–733.

Aubenque, Pierre: Art. „Aristoteles-Rezeption. I. Allgemein – II. Islam," in: RGG, Bd. 1, 4., völlig neu bearb. Aufl., Tübingen 1998, Sp. 733–735.

Bächli, Andreas, und Andreas Graeser: Grundbegriffe der antiken Philosophie. Ein Lexikon, [Reclams Universal-Bibliothek Nr. 18028], Stuttgart 2000.

Bartels, Andreas: Grundprobleme der modernen Naturphilosophie, Paderborn u. a. 1996.

Bauberger, Stefan: Was ist die Welt? Zur philosophischen Interpretation der Physik, 2. Aufl., Stuttgart 2005.

Bollnow, Otto Friedrich: Wesen und Wandel der Tugenden, [Ullstein-Buch, Bd. 209], Frankfurt/M. u. a. 1975.

Comte-Sponville, André: Ermutigung zum unzeitgemäßen Leben. Ein kleines Brevier der Tugenden und Werte. Dt. von Josef Wininger, [Rororo.Sachbuch 6259], Hamburg 2010.

Esfeld, Michael: Naturphilosophie als Metaphysik der Natur, [Suhrkamp-Taschenbuch Wissenschaft 1863], Frankfurt/M. 2008.

Flashar, Hellmut: Art. „Aristoteles", in: Grundriss der Geschichte der Philosophie. Philosophie der Antike, Bd. 3: Ältere Akademie. Aristoteles. Peripatos, hrsg. v. Hellmut Flashar, Basel 2004, S. 167–492.

Gaarder, Jostein: Sophies Welt. Roman über die Geschichte der Philosophie, aus dem Norwegischen von Gabriele Haefs, Wien und München 1993.

Gigon, Olof: Art. „I. Aristoteles", in: TRE, Bd. III, Berlin u. New York 1978, S. 726–768.

Graeser, Andreas: Art. „Aristoteles", in: Ders.: Philosophie der Antike 2. Sophistik und Sokrates, Plato und Aristoteles, [Geschichte der Philosophie, Bd. II], München 1983, S. 192–265.

Heidegger, Martin: Sein und Zeit. Erste Hälfte, Halle a. d. S. 1927.

Helferich, Christoph: Geschichte der Philosophie. Von den Anfängen bis zur Gegenwart und Östliches Denken. Mit einem Beitrag von Peter Christian Lang, 7. Aufl., München 2009.

Höffe, Otfried: Aristoteles, [Becksche Reihe Denker], 3., überarb. Aufl., München 2006.

Höffe, Otfried: Praktische Philosophie. Das Modell des Aristoteles, 3., bearb. Aufl., Berlin 2008.

Horn, Christoph, und Christof Rapp (Hg.): Wörterbuch der antiken Philosophie, 2., überarb. Aufl., München 2008.

Hoyer, Timo: Tugend und Erziehung. Die Grundlegung der Moralpädagogik in der Antike, Bad Heilbrunn 2005.

Jäckels, Gerhard: Naturalistische Anthropologie und moderne Physik. Die Grenzen reduktionistischer Menschen- und Weltbilder, [Studien zur Weltgeschichte des Denkens. Denktraditionen – neu entdeckt, Bd. 3], Berlin 2011.

Kuhn, Thomas S.: Die Struktur wissenschaftlicher Revolutionen. Aus d. Amerikan. von Kurt Simon. Für die 2. Aufl. ist die Übersetzung von Hermann Vetter revidiert worden, 10. Aufl., Frankfurt/M. 1989.

Lange, Erhard, und Dietrich Alexander (Hg.): Philosophenlexikon, 2. Aufl., Berlin 1987.

Liessmann, Konrad Paul: Die großen Philosophen und ihre Probleme. Vorlesungen zur Einführung in die Philosophie, [UTB 2247], 4., unveränd. Aufl., Wien 2003.

Nickel, Rainer: Besitzen und Gebrauchen. Spielarten einer Gedankenfigur vor und bei Aristoteles, [Nova Classica, Bd. 2], Marburg 2014.

Niehues-Pröbsting, Heinrich: Die antike Philosophie. Schrift, Schule, Lebensform, [Fischer Nr. 60106. Europäische Geschichte], Frankfurt/M. 2004.

Patzig, G.: Art. „Aristoteles", in RGG, Bd. 1, 3., völlig neu bearb. Aufl., Tübingen 1957, Sp. 597–602.

Rapp, Christopf, und Klaus Corcilius (Hg.): Aristoteles-Handbuch. Leben – Werk – Wirkung, Stuttgart 2011.

Rapp, Christoph: Aristoteles zur Einführung, 4., vollständig überarb. Aufl., Hamburg 2012.

Reber, Rolf, und Jussi Steudle: Gut so! Kleine Psychologie der Tugend, [Beck'sche Reihe 1863], München 2012.

Ruffing, Reiner: Philosophie, [UTB basics], Paderborn 2006.

Saage, Richard: Philosophische Anthropologie und der technisch aufgerüstete Mensch. Annäherungen an Strukturprobleme des biologischen Zeitalters. Mit einem Vorwort von Christopher Coenen, [Herausforderungen. Historisch-politische Analysen Bd. 20], Bochum 2011.

Seidel, Helmut: Aristoteles und der Ausgang der Antiken Philosophie. Vorlesungen zur Geschichte der Philosophie, Berlin 1984.

Sommer, Andreas Urs: Die Kunst, selber zu denken. Eine philosophische Dictionnaire, [Die Andere Bibliothek], Frankfurt a. M. 2003.

Störig, Hans Joachim: Kleine Weltgeschichte der Philosophie, 17., überarb. u. erw. Aufl., Stuttgart u. a. 1999.

Weischedel, Wilhelm: Der Gott der Philosophen. Grundlegung einer philosophischen Theologie im Zeitalter des Nihilismus, 2 Bde., Darmstadt 1971f.

Yfantis, Dimitrios: Die Auseinandersetzung des frühen Heidegger mit Aristoteles. Ihre Entstehung und Entfaltung sowie ihre Bedeutung für die Entwicklung der frühen Philosophie Martin Heideggers (1919–1927), [Philosophische Schriften Bd. 75], Berlin 2009.

C) Schulbücher

Anstöße Politik. Berufliche Schulen, hrsg. von Siegfried Jörg und Gunter Ehnert, verfasst von Gunter Ehnert u. a., Stuttgart u. a. 2010.

Biologie heute entdecken S II. Ein Lehr- und Arbeitsbuch, hrsg. von Andreas Paul, Braunschweig 2004.

Elemente Chemie II. Gesamtband. Unterrichtswerk für die Sekundarstufe II, hrsg. von Werner Eisner u. a., Stuttgart u. a. 2004.

Kursbuch Geschichte. Hessen. Einführungsphase. Von der Antike bis zur Frühen Neuzeit, erarb. von Ernst Hinrichs u. a., Berlin 2007.

Kursbuch Religion. Oberstufe, hrsg. von Hartmut Rupp und Andreas Reinert unter Mitarbeit von Kurt Konstantin u. a., Stuttgart u. a. 2009.

Latein ganz leicht. In 20 Lektionen zum Latinum. Übungsbuch, hrsg. von Gerhard Fink und Friedrich Maier, 3. Aufl., Ismaning 2011.

Mathematik 11. Hessen, hrsg. von Anton Bigalke und Nobert Köhler, erarb. v. Anton Bigalke u. a., Berlin 2004.

Mensch. Arbeitsbuch Anthropologie, Religionsunterricht Sekundarstufe II, [Neues Forum Religion], von Werner Trutwin, Düsseldorf 2009.

New Context, Ausgabe B, hrsg. von Hellmut Schwarz, erarb. von Barbara Derkow Disselbeck u. a., Berlin 2009.

Oberstufe Physik. Ausgabe B, Band 1, erarb. von Gerd Boysen u. a., Berlin 1997.

Standpunkte der Ethik. Lehr- und Arbeitsbuch für die Sekundarstufe II/Kursstufe, hrsg. von Hermann Nink, erarb. von Carl Gneist u. a., Braunschweig u. a. 2009.

Wirtschaftslehre für berufliche Gymnasien in Hessen, Bd. 1, verfasst von Andreas Blank u. a., hrsg. von Helge Meyer, Troisdorf 2007

D) sonstige Literatur

Beckstein, Günther: Die Zehn Gebote. Anspruch und Herausforderung, 3. Aufl., Holzgerlingen 2012.

Böckenförde, Ernst-Wolfgang: Der säkularisierte Staat. Sein Charakter, seine Rechtfertigung und seine Probleme im 21. Jahrhundert, [Carl-Friedrich-von-Siemens-Stiftung: Themen, Bd. 86], München 2007.

Böckenförde, Ernst-Wolfgang: Staat, Gesellschaft, Freiheit. Studien zur Staatstheorie und zum Verfassungsrecht, [Suhrkamp-Taschenbuch Wissenschaft 163], Frankfurt a. M. 1976.

Böckenförde, Ernst-Wolfgang: Vom Ethos der Juristen, 2., durchg. Aufl., Berlin 2011.

Bühl, Achim: Die virtuelle Gesellschaft des 21. Jahrhunderts. Sozialer Wandel im digitalen Zeitalter, 2. Aufl., Wiesbaden 2000.

Capra, Fritjof: Wendezeit. Bausteine für ein neues Weltbild. Aus dem Amerikanischen von Erwin Schuhmacher, vollständige Taschenbuchausgabe, München 2004.

Die Bibel. Nach der Übersetzung Martin Luthers. Mit Apokryphen. Bibeltext in der revidierten Fassung von 1984, hrsg. von der Ev. Kirche in Deutschland, Stuttgart 1999.

Frey, Christofer: Die Ethik des Protestantismus von der Reformation bis zur Gegenwart. Unter Mitarbeit von Martin Hoffmann, [Gütersloher Taschenbücher 1424], 2., durchges. und erg. Aufl Gütersloh 1994.

Gemoll, Wilhelm: Griechisch-deutsches Schul- und Handwörterbuch, 9. Aufl., durchges. u. erweitert von Karl Vretska, mit einer Einführung in die Sprachgeschichte von Heinz Kronasser, München u. a. 1965.

Grundgesetz für die Bundesrepublik Deutschland. Allgemeine Erklärung der Menschenrechte, Köln 2014.

Heubach, Joachim: Die Ordination zum Amt der Kirche, [Arbeiten zur Geschichte und Theologie des Luthertums Bd. 2], Berlin 1956.

Holthoff-Stenger, Monika: Art: „So viel kostet ein Schuljahr", in: Focus vom 14.08.2012, unter: www.focus.de/familie/schule/schulstart/schulstart/eltern-zahlen-hohe-nebenkosten-fuer-die-schule-teures-schujahr_id-2113181.html, [Stand: 1.03.2015].

Karle, Isolde: Der Pfarrberuf als Profession. Eine Berufstheorie im Kontext der modernen Gesellschaft, [Praktische Theologie und Kultur, Bd. 3], Gütersloh 2001.

Kleber, Karl-Heinz: Historia docet: Zur Geschichte der Moraltheologie, [Studien der Moraltheologie/Abteilung Beihefte, Bd. 15] Münster 2005.

Langenscheidts Taschenwörterbuch der lateinischen und deutschen Sprache. Erster Teil: Lateinisch-Deutsch von Hermann Menge, bearbeitet von Erich Pertsch. Zweiter Teil: Deutsch-Lateinisch. Unter Berücksichtigung neulateinischer Ausdrücke von Hermann Menge, 31. Aufl., Berlin u. a. 1982.

Lichtenthaeler, Charles: Der Eid des Hippokrates. Ursprung und Bedeutung, [Hippokratische Studien 12], Köln 1984.

März, Ursula: Art. „Nehmt sie ernst!", in: Die Zeit, 8. Januar 2015, Nr. 2, S. 46.

Mahnert, Detlev: Gottfried Ephraim Lessing. Emilia Galotti. Inhalt, Hintergrund, Information. Mit Info-Klappe, [Lektüre Durchblick plus], München 2010.

Shell Deutschland Holding (Hg.): Jugend 2010. Eine pragmatische Generation behauptet sich, [Bundeszentrale für Politische Bildung. Schriftenreihe, Bd. 1133], Bonn 2010.

Thierse, Wolfgang (Hg.): Religion ist keine Privatsache, Düsseldorf 2000.

Verfassung des Landes Baden-Württemberg. Vom 11. November 1953, Stand: 1. März 1997, Bühl 1997.

Verfassung des Landes Hessen und Grundgesetz für die Bundesrepublik Deutschland. Allgemeine Erklärung der Menschenrechte und Grundfreiheiten (Auszug). Charta der Vereinten Nationen, hrsg. von der Hessischen Landeszentrale für politische Bildung, Wiesbaden 2007.

Verfassung von Berlin. Taschenkommentar hrsg. von Hans-Joachim Driehaus, 2. Aufl. Baden-Baden 2005.